大是文化

股海老牛2025
強勢抱緊股

股海老牛——著

YouTube 頻道累積觀看次數近七百萬次、
各大財經媒體力邀專欄作家

新青安、川普再上位、AI浪潮……
2025年市場怎麼走？
最新20檔抱緊股名單、5檔ETF大公開。

目錄

第 **1** 章

布局2025年，AI、金融繼續火熱

第 **2** 章

20檔強勢抱緊股解析

重磅推薦

身為多本臺灣理財暢銷書作者，與粉絲高達 20 萬人的社群投資達人，股海老牛靠的不是譁眾取寵的炫耀誇張績效，或三天兩頭磨蹭熱門投資議題，而是透過平易近人的文字與簡單的投資心法，向投資人傳達價值投資的理念。而股海老牛根據產業發展趨勢、經營績效所精挑細選的優質企業股票，更是經過時間驗證，成功率與報酬率都極高的投資標的。想要有效率的吸取正確投資觀念與找到優質股票，絕對不要錯過老牛這本最新著作。

——臉書「切老滾雪球」粉專版主／切老

老牛鮮明的抱緊處理心法，專注於 ETF、金融股、高殖利率股、步步高升股等標的，一直以來透過淺顯易懂的文字，帶領讀者在股海中遊刃有餘。

2025 年一開始，老牛再次從幾個面向跟大家聊投資，包括川普再上位、新青安與打房、AI（人工智慧）浪潮與 ETF 熱等，還特別規畫了 21 則讀者最常提出的疑問，毫無藏私的解惑。相信各位細細品味閱讀後，一定能夠挖掘到書中隱藏的黃金屋。

——臉書「Andyworld 理財＆家庭記事簿」粉專版主／安弟爸

　　這是老牛的第四本書，與前三本有很大的不同。老牛以往較常分享選股觀念，以及抱緊股要留意的重點，這次則是提供了一份實戰手冊，除了對於 2025 年的看法，也將自己私房的個股和 ETF 一檔一檔分享給讀者，讓秉持長期投資的朋友，能在股海裡實戰運用所學的觀念，找到適合的標的。

　　老牛的著作有一個特點，就是能把很複雜的投資寫得淺顯易懂，進而幫助到許多嚮往投資領域卻害怕的人，本書最後也以簡單又中肯的方式，回答最常被讀者問到的問題，而這些問題恰巧也是很多新手朋友的盲點。因此我認為，本書很適合還不熟悉該如何掌握個股基本面要點的讀者，以及猶豫該買股票還是 ETF 的投資人，能在有系統的彙整下，更全面的了解不同標的，找到適合自己的抱緊股。

——臉書「股市隱者」粉專版主／股市隱者

　　投資是一場需要智慧與耐心的旅程，真正的成功來自對價值的深刻理解，和長期策略的堅守。在市場波動中，理性分析選擇有競爭優勢、穩定成長的企業，並在價格低於其內在價值時果斷買入，是老牛一貫的投資核心策略。此外他也建議，風險管理與資產配置是保護投資成果的關鍵，將資金分散於不同產業與標的，才能有效降低市場的不確定性影響；本書最後更透過讀者提出的問題，分享重要的投資心法，非常值得一讀。

——ETF 存股系列暢銷作者／雨果

　　震盪波動的市場，反而是挖掘投資機會的時間點。我常在《財女珍妮》頻道中分享美股的好公司，而老牛的頻道則是台股中謹守價值投資、買進後「抱緊處理」的最佳代言人。在短線交易盛行的市場，如何在大多頭期間、AI熱潮下秉持紀律，找到值得長期投資的好股票，相信本書能帶領讀者前進2025年，在不確定性中找到獲利機會，揚帆而行！

——《美股投資學》作者／財女Jenny

　　看了股海老牛的文章與YouTube頻道好多年，最喜歡他的「抱緊處理」建議與分析，選股策略清晰有步驟，讓大家容易學習、複製賺錢。老牛以往的每一本書，都會分享他抱緊處理的股票，都是非常好的投資選擇。本書他再特別分析了美國情勢及AI的未來發展，提出在川普2.0時代該抱緊哪些企業，強烈建議大家一定要閱讀。

　　像老牛這樣認真研究的財經作家已經不多，10年來累積的粉絲人數有增無減，可說是財經界的長青樹，跟著他繼續布局2025年，相信投資人一定也會收穫滿滿。

——《闖出人生好業績》作者、極上國際執行長／陳詩慧

　　2025年有哪些ETF和個股值得抱緊處理？我看完這本書後得到了清楚答案。佩服老牛多年股市經驗，挑出值得長抱的好公司，並以駕輕就熟的選股模式，讓你一看就懂、馬上上手。這跟

我常說的「耐心是智慧的伴侶」不謀而合，買進好公司，靠時間讓價值浮現，而不是追漲殺跌瞎忙。

特別推薦最後一章，新手務必要看：市場波動是常態，接受它、操練它，做好功課，不要當「聽消息的散戶」。記住：投資就像穿鞋跑馬拉松，鞋不合腳，剛開始或許不覺得不舒服，但跑到一半就會起水泡，最後無法完成賽程。做一頭步伐穩健的老牛，雖然走得慢，但能走得遠，最終悠遊在股海之中，從容抵達財富自由的彼岸。

——《波段的紀律》作者、金玉峰證券董事長／雷老闆

投資市場千變萬化，在變動中找到不變的原則，我認為是投資能賺錢最重要的關鍵，也就是老牛老師說的「波動中看透股市的本質」。

老牛老師是我非常喜愛且敬佩的前輩，除了平常在粉絲專頁上分享和整理很多有用的即時資訊外，「抱緊處理」這簡單好記的四個字，更是保持常勝的關鍵祕訣。投資資訊雖然很多，但真的不能隨波逐流。學會挑到好公司，以好價格買進後抱緊；市場震盪時處變不驚，理性配置投資組合，順勢加減碼，運用書中的10大檢測指標，挑選自己喜歡的公司，每個人都能建立自己的抱緊股名單。推薦本書給想在 2025 年穩健獲利的你。

——財務導師、《盤點致富》作者／聰明主婦

　　買進好公司，長期持有，與公司一同成長，是價值投資的核心，老牛不僅分享了他的實戰經驗，還精選出 20 家他看好的公司，更指出如何透過 ETF 輕鬆網羅這些好公司。讀者可從精選名單中挑選自己感興趣的企業，採取「抱緊處理」的策略，享受優質企業帶來的長期複利效果。這本書不僅是投資人的工具書，更是你的長期財富夥伴。

　　──臉書「Chris 的 FIREman 人生＆投資日誌」粉專版主／
　　Chris

作者序
三檔個股看台股縮影

　　步入 2025 年後，市場會怎麼走？世界兩大經濟體中國大陸和美國，又會對全球股市產生哪些影響？ETF 還會熱多久？接下來就讓老牛分享看法。

川普上任，中美貿易戰再升溫？

　　自從川普確定當選美國下一任總統後，不少投資人向我諮詢，中美關係是否會有所改變？股市的未來表現會如何？其中讓老牛印象最深的提問，就是 2018 年開始的「中美貿易戰」，至今都未停歇，如今美國又再出招，限制台積電（2330）的 7 奈米晶片進入中國大陸，中美之間的緊張態勢會不會愈演愈烈，甚至拖累市場情緒？而這也是老牛密切關注的焦點之一。

　　另外一點則是「降息循環」。也是在川普勝選之後，可以看到美國聯邦準備理事會（Federal Reserve Board，簡稱聯準會）被迫延遲降息步伐、維持緊縮政策，從原本預計 2025 年要降息 4 碼，目前已經調整只剩 2 碼。面對降息的腳步即將變慢，市場已經開始有所反應。利率政策的轉向，對於金融業肯定會是一大打

擊，市場對於不確定性的反應都會相當劇烈，必須持續注意。

至於陸股市場，可以看到中國大陸官方為了挽救低迷的經濟，大幅釋出資金活水與多項救市政策，包含宣布降準（降低存款準備金率）2 碼、調降政策利率 1 碼，與提供股票回購貸款等，在政策刺激連發下，帶動了中國大陸股市表現。但無論政策如何組合，終究得往驅動經濟活絡的正確方向運行，主要目標仍然是刺激消費，才能帶來景氣復甦，並對股市形成正向循環。

AI 軟體是主流，ETF 熱度恐超越個股

這兩年進入 AI 2.0 世代，從 2023 年出現生成式 AI，到 2024 年相關題材快速發酵，帶動股市出現連續兩年上漲的優秀表現。AI 市場很大，從原本的空想，如今已逐漸落實到題材上，包含晶片、伺服器、AI PC（專為人工智慧運算設計的個人電腦）等硬體面，接下來將會進入軟體及解決方案上，例如聊天機器人應用於銀行的客服系統中，處理顧客的金流問題，或是應用圖像識別在醫療系統中，學習分析診斷系統等。未來各行業也會導入 AI 來協助工作流程，並針對不同的行業需求來客製化 AI 系統。

最後是 ETF 的熱潮。對於小資族和忙碌的上班族來說，低門檻、風險分散的 ETF 是再適合不過的投資工具，老牛建議，最佳策略是「定期定額＋長期持有」，像是每天滴水灌溉，日積月累終能看到一片果園。而 2024 年台股的亮眼表現，讓不少年輕人

也開始認識 ETF 的魅力，根據臺灣證券交易所（簡稱證交所）的數據，全臺每三個人就有一人買 ETF，依照這個熱度，相信不久之後，投資 ETF 的人數將會超越投資個股的人數。

從三檔個股看 2024 年台股縮影

近年的股市環境，劇烈變動已成常態，投資人面對的不再僅是企業績效與經濟數據，還包括政策、全球地緣政治風險，甚至新科技革命的快速推進。現在的市場已經走出疫情陰霾，並且由 AI 掀起一波波浪潮；也已經從通膨風險走出，步入科技股的巨幅震盪，投資人必須在每次浪潮下調整航向，然而這種動盪局面對價值型投資來說，卻是獲得絕佳買點的機會。

如何在波動中看透股市的本質？這正是我寫下數本投資著作的初衷。老牛相信，只要秉持價值投資的原則，不隨波逐流，便能在瞬息萬變的市場中找到真正的獲利之道。

老牛在前一本書《股海老牛最新抱緊名單，贏過大盤 20%》裡，指引了投資人四大方向：

1. 採用抱緊處理心法，制定長期獲利策略。
2. 用四大投資標的：ETF、金融股、高殖利率股、步步高升股，逐步建構資產。
3. 買在便宜價、安心抱緊緊、賣在獲利點，贏取最大績效。
4. 擁抱 6 顆投資定心丸，這樣就算碰上股災也不再懼怕。

並且分享了 50 檔值得在 2024 年「抱緊處理」的個股，讓大家可以學習、參考。下面我挑出其中三檔和大家聊聊，也從中看出 2024 年股市的縮影。

1. 台積電（2330）

在 2023 年搭上 AI 浪潮後，台積電的獲利便持續向上攀升。老牛一直強調，台積電的營收表現是整個台股最必要的觀察重點，因為每一季財報的亮眼程度，都讓台股氣勢為之一振。

2024 年初，台積電的股價還在 600 元出頭，記得**在 1 月 19 日的新書分享會上，老牛便說到「台積電會站上千元大關」**，當時臺下讀者們異口同聲接著喊：「抱緊處理！」沒想到這股熱潮來得那麼快，還不到半年時間，台積電就在 7 月 4 日首度衝上千元價位，不只是老牛感到相當興奮，也讓讀者們獲利滿滿。

為何老牛能夠如此「料事如神」？其實祕訣不外乎一直以來的投資必勝公式：獲利成長＋股利增加＝股價上漲。對於長期投資來說，只要台積電能穩定維持獲利成長的表現，那麼即使飆上千元也都還是甜甜價，完全稱不上「昂貴」！

2. 根基（2546）

根基是老牛在第一本書中就推薦的營建股之一，穩健的獲利讓它成為我的投資組合裡最佳球員。2024 年股價一度攀上了 132 元，讓老牛看得心花怒放又有些意外，而且看到股價衝得這麼

高，也不免開始擔憂，畢竟「營建股之亂」正悄然興起。

　　這波營建股熱潮，源於政府自 2023 年 8 月 1 日起推出的「新青年安心成家購屋優惠貸款」（簡稱新青安貸款），旨在提供青年更多買房優惠。新青安推出後，臺灣房市立刻火熱得像夏天，週末看房成為全民運動，甚至還得排隊抽號碼牌才買得到房。這波熱潮讓營建指數一度衝上 714.69 點新高，然而，市場的狂歡也引起央行與銀行的關注，接著在 2024 年 9 月推出第七波房市管制和「限貸令」，用一桶冰塊打亂了房市的資金活水。

　　隨著房市資金減少，這波熱潮開始冷卻，營建指數自高點下滑超過兩成，根基的股價也回到更「合理」的位階。老牛認為，像根基這樣的營建股雖然一度燒得火熱，但經過政策冷卻後，回歸本質的它，反而更值得長期投資人重新檢視。

3. 京城銀（2809）

　　金融股是老牛認為金身不倒、適合穩穩賺的投資標的，就像是會自動生錢的「金」雞母。而京城銀便是一家穩健獲利的銀行股，歷年經營績效表現屬於銀行股前半段的績優生，當績優生出現利空時，反而是適合投資的好機會。

　　京城銀董事長戴誠志是位很實在的經營者，即使 2019 年踩到大同集團子公司倒閉的地雷（大同子公司綠能及華映倒帳，京城銀合計損失 45.5 億元），或是 2022 年碰上台開倒閉（台開於 2022 年 8 月下市，京城銀以底價 8.18 億元買下原法拍價 24.93 億

元的台開土地止損）及俄羅斯債券（俄羅斯因入侵烏克蘭遭西方制裁，衍生出債券違約風暴，京城銀認列 12.45 億元損失）的事件，公司都立即認列虧損，決策相當果斷。

雖然這些利空消息都造成股價大幅下跌，但所幸未損及財務筋骨，京城銀隨後快速恢復成長表現，當時我曾與投資人分享會以「遭逢一時利空，以賺價差為主」方式來操作，在 30 元附近陸續分批買進。

而後京城銀挺過呆帳風暴，獲利表現又變回一條活龍，在 2023 年繳出 EPS（Earnings per share，每股盈餘）5.59 元的優秀成績單，且在 2024 年股價一路向上衝，最高來到 68 元，讓我也在穩穩賺進 100% 後陸續賣出獲利了結。

上面這三個例子，可以看出老牛的投資邏輯，我認為，選股時對公司的研究越深入，投資會越安心，操作時採取低檔撿便宜、沒事領股利、高點賺價差，這樣進可攻、退可守的策略，投資股市其實是非常愜意的一件事。

老牛觀察到，市場中的大贏家，往往不是追求短期快利，而是將眼光放遠，能夠堅持價值、耐心持有的長期投資人，可見投資絕對不是一夜致富的捷徑，是一場需要智慧與耐力的馬拉松。這一回，老牛再次邀請大家，泡好一杯咖啡、輕鬆的找個位置坐下，翻開本書慢慢閱讀深思，領會書中分享的投資經驗與智慧。讓我們一起在股市裡「抱緊處理」，成為股海中的常勝軍！

前言
左手拿股利、右手賺價差的「抱緊處理」

　　我的投資方法「抱緊處理」，源自於股神華倫・巴菲特（Warren Buffett）的價值投資，巴菲特的做法是，深入研究企業的基本面及未來發展性，包括營業產品、產業競爭力，以及有沒有競爭對手難以攻破的「護城河」，若顯示是家值得投資的公司，一旦買進就會長期持有，每年穩定領取股利發放，讓獲利如滾雪球般成長。

　　巴菲特帶動了「存股」的興起，但不是每一家基本面穩固、業績穩定的公司都適合「定存」，以中鋼（2002）為例，它曾被視為定存股的標的，連續40年發放現金股利，但從股價表現來看，會發現它屬於景氣循環股，其實並不適合當定存股。

　　若企業每年的現金股利持續增加，股價勢必也會逐步推升，因此我著重於企業「獲利成長而發放更多股利，再推動股價上漲」的正向發展循環，採用抱緊處理四個原則，在公司成長初期買進、擴張期加碼、股價上漲至反應其價值時賣出，達成左手拿股利、右手賺價差的雙重獲利目標。

抱：挑到好公司就要一直抱著

　　價值投資的根源就是基本面分析，研究重點是從公司每季發布的財務報表入手，解析其營運模式，找出持續獲利的祕訣；再從產業成長趨勢，找出公司的護城河，最終辨識出能夠安心擁抱的優質企業。

　　財務報表包括損益表、現金流量表及資產負債表，應檢視的項目有：

　　●**每股盈餘**：代表公司在這一個季度中是否獲利，不過它只代表當季的獲利總和，還必須拆解其細部項目，才知道公司營運是否穩健。

　　●**營業利益**：其數值高低代表公司本業到底是否賺錢，等於是公司專注於本業的指標。

　　●**自由現金流**：公司能否穩定經營，取決於其資金周轉的能力，以因營業活動獲得的現金，扣除未來擴張產能所需的資本支出，餘額即為自由現金流，若為正數，顯示公司未來有能力發放股利、還債、投資，甚至應付黑天鵝事件。

　　●**股東權益報酬率**（Return On Equity，簡稱 ROE）：這個數字為公司淨利占股東權益的比例，可以說是公司賺錢效率的指標，通常大於 10% 就屬於營運良好，而那些能穩定獲利數年、ROE 維持在 20% 以上，更是績優企業。

　　●**本益比**：以股價除以 EPS，是觀察公司便宜或昂貴的指

標，在接近合理本益比的條件下，較低的本益比，通常代表投資的潛在報酬較大。

　　除了上述財務指標，還有負債比、毛利率、是否穩定發放現金股利等，建議也列入篩選標準，下頁圖表 0-2 是我會檢視的 10 個指標，若企業只符合 5 個（含）以下，便先觀望；若符合 6 個（含）以上，就是適合投資的好公司，可以抱緊處理。

緊：以好價格買進才抱得緊

　　找到獲利穩定的公司後，下一步即是以好價格買進，然後牢牢抱緊。而所謂的好價格，應是建立在價值投資之父班傑明·葛拉漢（Benjamin Graham）提出的安全邊際之上，也就是確認好安全邊際，就能買在相對低點。

圖表 0-1　安全邊際概念圖

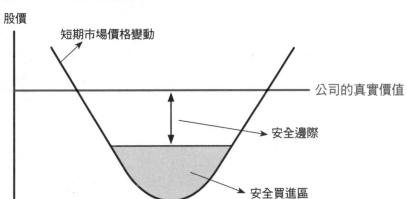

圖表 0-2　抱到好公司的 10 大指標

序號	指標	意義
1	EPS 為正值	買進有賺錢的公司，最好是每年能賺進 EPS 超過 2 元以上。
2	本益比＜ 15 倍	適當的本益比，而非變成存在於未來幻想中的本夢比。
3	連續 5 年以上發放現金股利	持續穩定發放現金股利回饋股東。
4	本業收益＞業外收益	專注於本業獲利上，而不是利用非本業的方式投資營利。
5	近 5 年自由現金流量平均為正值	穩定的正向現金流，有助於提升公司財務體質。
6	ROE ＞ 15%	不只是給予股東權益高回報，也是公司營運能力強勁的展現。
7	負債比＜ 50%	負債比例較低，公司不會被高額利息拖累。
8	營益率＞ 10%	從本業的產品銷售中，能獲得不錯的回報。
9	營運天數較前一季為佳	代表公司生產銷售流程改善，並且收款效率提升。
10	毛利率＞ 30%	產品有足夠高品質及水準，才能維持高毛利，而非殺價式競爭。

　　當企業的真實價值與市場價格不一致時，兩者間的差距便是安全邊際，也就是投資的報酬。換句話說，當目前市場價格低於該公司的真實價值時，就應當買進並持有；反之，當市場價格高於公司真實價值時，就應該選擇賣出。只要掌握夠大的安全邊際，就有相對較高的獲利空間，及較低的風險。

　　如何估計一家公司的股價並不容易，有以本益比為基礎來估價，在低本益比時買進、高本益比時賣出；也有以現金股利推估便宜價、合理價及昂貴價，在便宜價時買進、合理價時持有、昂貴價時賣出。但這些方法都無法正確衡量出價格，只能作為參考範圍，仍必須評估安全邊際是否夠大，耐心等待買進時機到來。

處：上下震盪能處變不驚，不敗在情緒

　　股市每天都有各種利多、利空消息，造成股價波動、漲停、跌停。若投資人不能掌握情緒，便會因為貪婪、後悔、恐懼等心理偏差做出不理性行動，導致巨額虧損。用較科學的方式克服這些情緒干擾，就是嚴守風險管理，這也是巴菲特能在航空、石化、紡織業等投資失敗後，資產仍然穩健增長的原因之一。

　　橡樹資本管理（Oaktree Capital Management）聯合創始人霍華·馬克斯（Howard Marks），在《投資最重要的事》（*The Most Important Thing Illuminated*）中說道：「沒有正確處理投資風險，投資不能長久成功。」

　　投資風險分為整體市場及公司個別資產本身兩個區塊。整體市場風險主要受總體經濟或政治因素影響，像是財金政策、失業率、通貨膨脹、景氣循環等，從產業競爭、市場供需、世界經濟到國際局勢的變數，公司可能無法掌握，若管理階層未能預見外在環境的變化，預先做出應對，公司就會面臨衰退。與公司個別資產本身相關的風險，則如員工罷工、廠房火災、開發新產品、併購、董監事改選等，這些都會影響股價。

　　其實風險並不可怕，最好的面對方式是，找到自己的風險耐受度，將資金投資在那些你能接受的風險上，然後經由下列四個風險規避的步驟，預先做好危機來時的應對之計：

1. 謹慎選擇投資的公司，衡量其上下檔風險。
2. 深入研究該公司競爭力，增加持股信心。
3. 建立交易規則，擬定嚴謹的投資計畫。
4. 配置投資組合，以平衡投資風險。

理：理智配置投資組合，順勢加減碼

　　管控風險是持續投資獲利的關鍵，具體做法就是建立投資組合，除了能在多頭趨勢中，得到高於市場的平均報酬，更能在黑天鵝來臨時，將損失降到最低。

　　好的投資組合，建議應掌握「低風險」及「低相關」這兩個原則：

　　低風險：選擇獲利佳、成長力強、負債低、現金流充裕、市占率高的企業。

　　低相關：投資組合中各企業的產業、族群、市場盡量不同，降低彼此的相關程度，避免突發事件時引起同樣的跌價效應。

　　每個投資人都應依據自己的屬性及風險耐受度，來建立專屬的投資組合，對於「進階」的投資人，建議以自己的能力圈出發，先鎖定熟悉的產業，挑選其中的績優公司，並將個股檔數控制在 15 檔以內，集中範圍觀察調整，才能獲取最佳報酬。

　　若是「新手」，股神巴菲特的建議是「以定期定額的方式投資指數型 ETF」，其特色是讓一流的企業為你工作，避開踩到單一地雷股的風險，加上漲也買、跌也買的定期定額策略，能長期買在平均價位，同時有效克服人性弱點，培養紀律的投資心態。另一個做法是將持股分為「核心」與「衛星」，以持續發放股利的大型股為核心，提供穩定現金流，再以成長型的中小型股為衛星，拉高整體報酬率。

　　最後採用順勢加減碼的方式，調整投資組合的比例，放大獲利、降低虧損。加碼時採用「**正金字塔加碼買進法**」（見下頁圖表 0-3），做法是：在低檔時較大比例買進、建立部位，然後隨著股價逐步上漲再買進第二、三筆，但買進數量要小於（或等於）前一筆，且加碼次數最多 3 次即停止。出場時則採用「**倒金字塔減碼賣出法**」（見下頁圖表 0-4），同樣在第一次賣出的數量最多，倘若股價持續下跌就逐步賣出，也是分 3 次獲利出場。

圖表 0-3　正金字塔加碼買進法

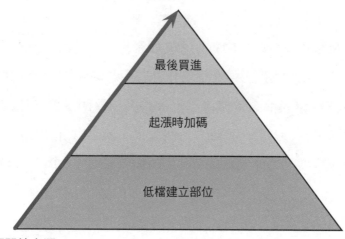

最後買進

起漲時加碼

低檔建立部位

股價開始上漲

圖表 0-4　倒金字塔減碼賣出法

股價開始下跌

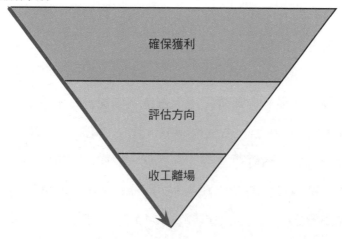

確保獲利

評估方向

收工離場

第 1 章

布局2025年，
AI、金融繼續火熱

如果說 2023、2024 年是 AI 登上舞臺、驚豔全場的時代，那麼 **2025 年就是 AI 成為生活必需品的一年。**

和碩科技董事長童子賢說過，「AI 未來將無所不在」，其實不用等到「未來」，從企業營運到家庭生活，AI 正以我們想像不到的速度滲透每個角落。照顧我們一日三餐的外送服務，背後有 AI 物流系統精準分配訂單；銀行網站或 App 上的語音助理，可能已經比你自己更懂得你的諮詢需求。因此，2025 年的發展關鍵不僅在於「用」AI，而是「靠」AI 來創造價值，企業將更依賴 AI 技術提升效率、節省成本，同時創造新的收入來源。

AI 走入生活，專利和客戶是成長關鍵

對投資人來說，這意味著什麼？簡單來說，AI 的發展就是一場沒有止境的「科技競賽」，它的應用領域不斷擴張，也會催生出更多值得注意的投資機會。以 AI 晶片為例，台積電（2330）和輝達（Nvidia）在這場競賽中，就像速度最快的短跑選手，AI 運算需求激增，直接推升了高效能晶片的需求，結果便是營收與股價齊飆。

如果還沒趕上這波 AI 的列車，無須急著灰心，因為 AI 正在「下凡」，從前兩年的大型伺服器應用，已經逐漸滲透到智慧家電、健康照護，甚至城市管理的領域。未來，能為 AI 提供基礎建設的企業，例如雲端服務公司、數據中心供應商，也將迎來更

多的成長機會。

　　當然，AI 熱潮的泡沫風險也不容忽視。務實一點的形容，選股就像挑水果，一時看起來鮮嫩多汁，也有可能很快就爛掉。因此老牛建議，關注那些「會賺錢」的 AI 公司，而非純靠題材炒作的標的，選股時不妨觀察公司是否擁有專利技術，或長期穩定的客戶群，會是能從 AI 狂潮中脫穎而出的關鍵。

首選有護城河的企業

　　如果科技類股是一部連續劇，那絕對是充滿反轉又扣人心弦的那種。雖然 2023 年經歷了不少震盪，但 2024 年隨著 AI、電動車、5G 應用等議題發酵，科技產業整體走勢再次回升。進入 2025 年，科技股將依然是投資市場中的「明日之星」，這背後的原因不難理解，因為科技本身就代表著「創新」與「成長」，當民眾的需求持續上升，掌握核心技術的企業即會備受注目，最典型的例子就是路上的電動車越來越多，特斯拉（Tesla）與台積電便成為市場焦點。

　　想像一下，當家裡的冰箱連上網路，變成一個聰明的生活管家，不僅能自動檢查牛奶快喝完了，立刻下單補貨，還能根據你的生活習慣及天氣預測提醒：「明天有冷氣團襲來，適合煮個火鍋暖暖身子！」支撐在這些創新生活的背後，就是科技的快速發展，當市場充滿無限可能，就會帶來更龐大的投資機會。因此，

2025 年的科技股，會像是一片尚待開墾的沃土，且依舊是長線投資的核心，只要選對耕作的方向，必定能獲得豐收。

另外，選擇科技股不僅要看龍頭企業，還要關注那些「大象背後的小鳥」，它們往往是被忽略但潛力無窮的投資機會。例如提到零組件代工，多半直覺想到鴻海（2317）和光寶科（2301），鴻海（2317）身為蘋果（Apple）主要代工，AI 崛起後，再跨足連輝達執行長黃仁勳都點名的電動車及機器人領域；光寶科（2301）則是全球第二大電源供應器廠商，始終抓住投資人目光。但同為代工、資本額較小、較少被提及的致伸（4915）及矽格（6257），其實並不遜於大哥們，EPS 表現與鴻海及光寶科水準相當，這兩檔也被老牛納入抱緊名單中。

圖表 1-1 鴻海、光寶科、致伸、矽格近 5 年 EPS 比較

（單位：元）

年度	鴻海（2317）		光寶科（2301）		致伸（4915）		矽格（6257）	
	EPS	年增	EPS	年增	EPS	年增	EPS	年增
2020 年	7.34	-0.98	4.31	0.28	4.3	-0.5	4.22	0.96
2021 年	10.05	2.71	6.01	1.7	5.13	0.83	6.25	2.03
2022 年	10.21	0.16	6.19	0.18	6.1	0.97	6.68	0.43
2023 年	10.25	0.04	6.36	0.17	5.5	-0.6	3.8	-2.88
2024 年第 3 季	7.67	1.25	3.88	-0.98	4.58	0.17	4.26	1.03

不過，科技產業的變化速度快得像跑百米，領先的企業稍有停滯便可能被追趕超越，使得科技股的波動性相對較高，提醒投資人切記要有長期持有的耐心。因此老牛建議，在選擇科技類股時，可以挑選具有「護城河」的企業，科技型 ETF 也是可以考慮的選項，能分散風險，並分享整體科技行業的成長紅利。

降息是興奮劑，金融股好戲開演

如果說 2023 年及 2024 年的金融市場像在爬陡坡，那麼 2025 年隨著全球進入降息循環，「喘息機會」終於到來。對於銀行股，利差壓力減少會提升他們的獲利能力；至於壽險公司，隨著債券價格上升，資產帳面的損益也將逐漸修復。這就像是給金融股再注入了一劑「興奮劑」。

舉例來說，富邦金（2881）與國泰金（2882）這類的金控股，隨著降息來臨，壽險資產的帳面價值將獲得改善，投資收益也有望提高；更不用說他們旗下的銀行業務，也能在降息環境下吸引更多借貸需求，意味著利息收入有望增加。而降息對資本市場的活絡效應，也可能推動手續費收入提升，簡單的說，金融股的好戲終於準備開演了！

不過，老牛也要提醒大家，降息並非金融類股一律受惠，例如以利息為主要收入來源的小型銀行，便可能因降息而出現短期獲利壓力。因此，選擇金融股時，記得多看看公司的多元業務

布局，挑選那些具備穩定現金流、資產負債表健康，並且股價尚未反應的公司。2025 年，金融股的舞臺已經搭好，只需要選對「演員」，就能享受穩健成長的「演出」。

高殖利率股變稀有，穩定配息才可靠

2023 年台股上漲近 3,800 點，2024 年又再上漲 5,000 點，加權指數最高來到 24,416 點，使得大盤本益比也來到 22 倍，大盤殖利率只剩下 2.5%。對於高殖利率的定存股，老牛一向形容它們是投資市場中的「慢跑者」——不求驚豔，但求穩定。然而，2025 年對於存股族來說，可能會面臨一個小挑戰，即是高殖利率股變得越來越稀有。隨著市場資金湧入、股價上漲，許多過去殖利率誘人的股票，如今都是價格翻倍，吸引力卻減半。

但別擔心，機會仍然存在，只是需要更加精挑細選。定存股的篩選原則是配發現金股利，而配息的基礎來自於營業績效，因此可以從公司近幾年的獲利和配息狀況判斷，如果營收連續成長、穩定配息不間斷，現金股利金額維持水準，甚至越發越高，便值得關注、擁有。

舉例來說，櫻花（9911）的營收成長連續超過 10 年，並從 2008 年開始穩定配發現金股利，長達 17 年沒有中斷，在大盤殖利率下滑時，配息金額不減反增，從 2020 年的 2.65 元，提升到 2024 年的 3.88 元，就是老牛的抱緊名單之一。

另外，義隆（2458）也已連續配息 26 年沒有中斷，近 5 年的現金股利都維持水準，2022 年殖利率更飆高至 11.2％；聯詠（3034）近 8 年的營收表現，除了 2022 年衰退之外，其餘 7 年皆為增長，2021 年成長率逼近 70％，配息亦持續長達 23 年，這兩檔老牛也一直抱緊處理。

當市場波動越大，越需要堅守高殖利率股的投資邏輯——耐心與長期布局，老牛建議，避免盲目追逐「高殖利率」的大旗，忽略了企業本身的獲利能力與配息的可持續性，配息終究只是判斷企業價值的其中一環，如果營運無法穩定賺錢，再高的殖利率也可能成為「曇花一現」。

圖表 1-2　台股大盤走勢圖

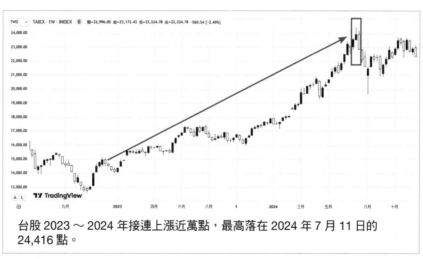

台股 2023 ～ 2024 年接連上漲近萬點，最高落在 2024 年 7 月 11 日的 24,416 點。

資料來源：TradingView。

第 2 章

20 檔強勢抱緊股解析

1 卜蜂（1215）

　　台灣卜蜂為泰國卜蜂集團在臺灣的子公司，於 1977 年成立，當時名為台灣卜蜂飼料股份有限公司；1987 年掛牌上市；1988 年成立肉品加工事業處，並於南投興建家禽電動屠宰廠，公司亦更名為台灣卜蜂企業股份有限公司。

　　現今下屬關係企業包括：卜蜂（台灣）、台灣愛拔益加、開曼沛式、瑞牧食品、瑞福食品及勝大食品。其中卜蜂（台灣）業務為動物用藥品、飼料添加劑及生物製劑進口，為業界疫苗與飼料添加物主要供應來源之一；台灣愛拔益加為全臺第一家原種雞場；瑞牧食品及瑞福食品為蛋雞事業；勝大食品則為拓展蛋品市場及配送模式而創立。

　　卜蜂主要的白肉雞產品，從飼料、肉種雞、肉雞契養生產到屠宰，採一條龍垂直式經營策略，據統計，2019 年電宰產能約為每日 15 萬隻，當年整體電宰量為 4,219 萬隻，配比為北部 40%、中部 45% 及南部 15%，占整體市場約 18%；而雞肉加工產品每月生產約 1,700～2,200 噸，配比為北部 45%、中部 25% 及南部 30%，占整體市場約 22%，具領導品牌地位。

📊 基本資料

代號	1215	股票名稱	卜蜂
產業別	食品工業	市場別	上市
公司名稱	台灣卜蜂集團		
董事長	鄭武樾		
股本	29.5 億元	成立年數	47 年
2024 年 12 月 4 日 收盤價	99.9 元	上市年數	37 年
目前市值	285.4 億元	公司債發行	無
發行股數	294,790,098 股		
主要業務	各種飼料生產、加工、配製、銷售、進口及買賣；各種禽畜育種、電動屠宰、加工品製品銷售；各種肉類加工品、調理食品、蛋品生產銷售等業務。		
公司網址	http://www.cptwn.com.tw		
利害關係人專區網址	http://www.cptwn.com.tw/ec99/rwd1453/category.asp?category_id=12		

卜蜂股價走勢圖

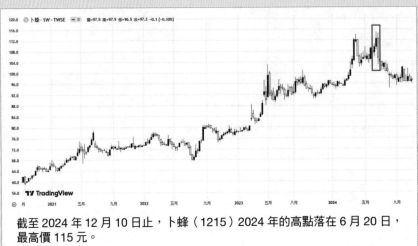

截至 2024 年 12 月 10 日止，卜蜂（1215）2024 年的高點落在 6 月 20 日，最高價 115 元。

資料來源：TradingView。

 卜蜂近 5 年獲利數據

營業年度	營收	淨利	EPS	ROE
2024 年第 3 季	206 億元	12.6 億元	4.27 元	15.7%（年估）
2023 年	292 億元	22.7 億元	7.7 元	22.9%
2022 年	290 億元	15.6 億元	5.28 元	17.1%
2021 年	248 億元	13.6 億元	5.06 元	15.2%
2020 年	222 億元	16.6 億元	6.18 元	18.9%
2019 年	212 億元	14.6 億元	5.46 元	10.6%

資料來源：台灣股市資訊網；資料日期：2024 年 12 月 10 日。

卜蜂本益比河流圖

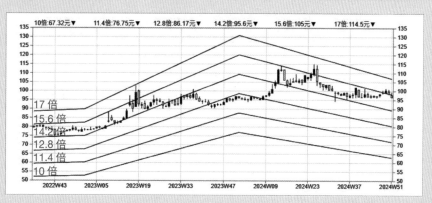

資料來源：台灣股市資訊網；資料日期：2022 年 8 月 29 日至 2024 年 12 月 17 日。

 卜蜂近 10 年營收金額及年成長率

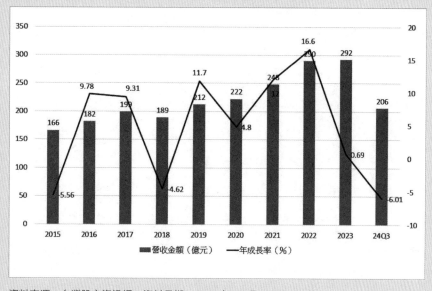

資料來源：台灣股市資訊網；資料日期：2024 年 12 月 10 日。

卜蜂近 5 年現金股利數據

發放年度	現金股利	盈餘發放率	平均殖利率
2024 年	5.5 元	71.4%	5.44%
2023 年	3.5 元	66.3%	3.86%
2022 年	3 元	59.3%	3.74%
2021 年	4.5 元	72.8%	5.76%
2020 年	4 元	73.3%	5.96%
平均	4.1 元	68.62%	4.95%

資料來源：台灣股市資訊網。

 老牛簡評

卜蜂 2024 年上半年受到毛雞供需影響，雞肉價格下跌，造成獲利較 2023 年同期略為下滑，毛利年減；不過其他主要產品仍優於 2023 年同期，如飼料／農畜牧產品上半年毛利年增 10%，公司預期 2025 年獲利應該不會太差。

上市 37 年，連續 18 年配發股利，近 8 年現金股利均為 3 元以上，**2024 年更是來到 5.5 元，是為股利新高值，**殖利率也平均都在 5% 以上。再加上 ROE 均在 15% 以上，是一檔適合長期投資的民生必需股。

2 光寶科（2301）

　　光寶科成立於 1975 年，是臺灣第一家上市的電子公司，產品涵蓋光電半導體、能源管理、網路通訊與監控、汽車電子應用、消費性電子及道路智動化系統等領域，其光耦合器產品出貨量位居全球第一，亦是全球第二大電源供應器廠商。

　　光寶科於 1989 年在泰國曼谷成立海外第一個分公司，至今已在亞、美、歐洲共 10 個城市設有據點，近年積極布局雲端運算電源、汽車電子、光電半導體、5G 及人工智慧聯網（AIoT），以綠色能源資料中心、潔能運輸（Clean Mobility）、高效能基礎設施作為中長期發展引擎。

　　2024 年 4 月與日本電源大廠科索公司（COSEL）結盟，拓展工業電源領域，包含半導體設備、醫療、運輸、網通新能源等應用，新市場規模預估高達新臺幣 4,000 億元。另外於第 3 季推出新品牌 Terahive，以家用能源管理方案進軍北美，瞄準微電網（利用再生能源發電的小型獨立電網）市場，立基於公司深耕電源產品多年，加上自行開發軟體，能提供機體更輕薄、安裝更容易的產品。

基本資料

代號	2301	股票名稱	光寶科
產業別	電腦及周邊設備業	市場別	上市
公司名稱	光寶科技股份有限公司		
董事長	宋明峰		
股本	234.7 億元	成立年數	35 年
2024 年 12 月 4 日收盤價	104.5 元	上市年數	29 年
目前市值	2,476 億元	公司債發行	無
發行股數	2,347,249,963 股		
主要業務	電腦資訊系統及周邊設備、多功能事務機、資料儲存設備、網路設備、系統設備及其他影像處理設備之製造、加工、買賣業務。		
公司網址	http://www.liteon.com/		
利害關係人專區網址	http://www.liteon.com/Page.aspx?id=67805d0f-c0cf-4218-a878-a597e7dd7f58		

光寶科股價走勢圖

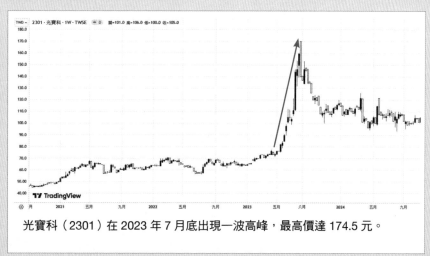

光寶科（2301）在 2023 年 7 月底出現一波高峰，最高價達 174.5 元。

資料來源：TradingView。

光寶科近 5 年獲利數據

營業年度	營收	淨利	EPS	ROE
2024 年第 3 季	988 億元	88.9 億元	3.88 元	13.9%（年估）
2023 年	1,483 億元	146 億元	146 億元	17.5%
2022 年	1,735 億元	142 億元	6.19 元	18.3%
2021 年	1,648 億元	139 億元	6.01 元	18.9%
2020 年	1,571 億元	100 億元	4.31 元	13.2%
2019 年	1,780 億元	93.7 億元	4.03 元	12.6%

資料來源：台灣股市資訊網；資料日期：2024 年 12 月 10 日。

光寶科本益比河流圖

資料來源：台灣股市資訊網；資料日期：2022 年 8 月 29 日至 2024 年 12 月 17 日。

光寶科近 10 年營收金額及年成長率

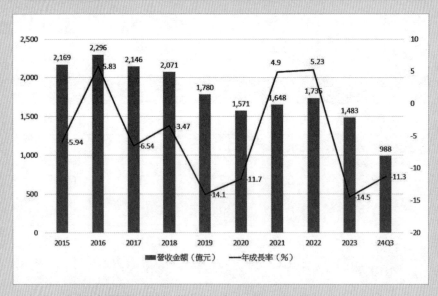

資料來源：台灣股市資訊網；資料日期：2024 年 12 月 10 日。

光寶科近 5 年現金股利數據

發放年度	現金股利	盈餘發放率	平均殖利率
2024 年	4.506 元	76.4%	4.25%
2023 年	5 元	78.2%	4.92%
2022 年	4 元	78.8%	6.17%
2021 年	5.4 元	94.4%	8.86%
2020 年	3.2 元	70.6%	6.85%
平均	4.42 元	79.6%	6.21%

資料來源：台灣股市資訊網。

老牛簡評

　　光寶科近年著眼於 AI 伺服器電源發展、散熱系統，是三大部門中成長性最強勁的題材，於 2024 年旗下水冷散熱系統獲得輝達認證，並成功打入 GB200 電源應用，公司計畫 2025 年將 AI 伺服器應用營收占比提升至 10%，維持穩定收益。

　　雖然**光寶科**目前與台積電一樣，股利政策為季配息，但實際上則是僅**上、下半年各配息一次**。不過老牛看好能夠一年多次配息的公司，也代表公司現金流管理健全，營運實屬穩定。

3 台達電（2308）

　　台達電成立於 1971 年，1975 年改組為股份有限公司，1988年掛牌上市，初期專攻電源管理與散熱解決方案。近年逐步從關鍵零組件製造商轉型，經過多次組織調整，如今事業範疇定調為：電源及零組件、交通、自動化、基礎設施等四大類別，2023年集團總營收達 128.91 億美元。

　　台達電於 2013 年成立台達研究院，每年投入研發費用占全球營業額 8% 以上，研發智慧製造、人工智能、資通訊技術、生命科學等尖端技術，其中，可監測居家入侵、個人智慧型手機定位監控的感知 WiFi 雷達產品「QWiFi」，已在 2024 年 6 月時為中華電信及台積電所採用。截至 2023 年底，台達電已有超過12,000 名研發工程師，在全球共獲得 16,703 件專利授權。

　　2024 年受惠於 AI 伺服器出貨量清晰，電源供應器及液冷散熱裝置的需求不減，9 月單月營收即達 370.9 億元，第 1 至 3 季累計營收 3,069 億元，登同期歷史巔峰。

基本資料

代號	2308	股票名稱	台達電
產業別	電子零組件業	市場別	上市
公司名稱	台達電子工業股份有限公司		
董事長	鄭平		
股本	259.8 億元	成立年數	49 年
2024 年 12 月 4 日收盤價	395 元	上市年數	36 年
目前市值	1.05 兆元	公司債發行	有
發行股數	2,597,543,329 股		
主要業務	電源供應系統、無刷直流風扇、散熱系統、微型化關鍵零組件、電動車電源相關系統、工業自動化、視訊顯示、資訊、網路通訊消費性電子、可再生能源應用、智慧樓宇管理與控制解決方案等。		
公司網址	https://www.deltaww.com/zh-tw/index		
利害關係人專區網址	https://esg.deltaww.com/manage_focus		

台達電股價走勢圖

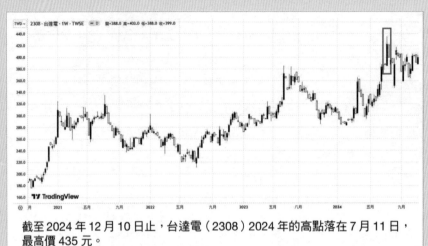

截至 2024 年 12 月 10 日止，台達電（2308）2024 年的高點落在 7 月 11 日，最高價 435 元。

資料來源：TradingView。

台達電近 5 年獲利數據

營業年度	營收	淨利	EPS	ROE
2024 年第 3 季	3,069 億元	281 億元	10.8 元	17.3%（年估）
2023 年	4,012 億元	334 億元	12.86 元	16.6%
2022 年	3,844 億元	327 億元	12.58 元	18%
2021 年	3,147 億元	268 億元	10.32 元	15.6%
2020 年	2,826 億元	255 億元	9.81 元	15.5%
2019 年	2,681 億元	231 億元	8.9 元	15.2%

資料來源：台灣股市資訊網；資料日期：2024 年 12 月 10 日。

📊 台達電本益比河流圖

資料來源：台灣股市資訊網；資料日期：2022 年 8 月 29 日至 2024 年 12 月 17 日。

📊 台達電近 10 年營收金額及年成長率

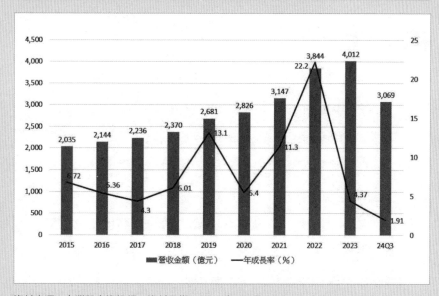

資料來源：台灣股市資訊網；資料日期：2024 年 12 月 10 日。

台達電近 5 年現金股利數據

發放年度	現金股利	盈餘發放率	平均殖利率
2024 年	6.43 元	50%	1.84%
2023 年	9.84 元	78.2%	3.09%
2022 年	5.5 元	53.3%	2.12%
2021 年	5.5 元	56.1%	1.97%
2020 年	5 元	56.2%	2.89%
平均	6.45 元	58.76%	2.38%

資料來源：台灣股市資訊網。

 ## 老牛簡評

　　台達電為全球最大交換式電源供應器廠商，推出自有品牌 Delta，2024 年重新劃分產品範疇，在 AI 應用市場逐漸被發現，通吃輝達 Blackwell 架構系列 B100、B200、GB200 伺服器電源訂單；另在液冷散熱產品方面，同樣帶動毛利率提升，是近年最具成長性的產品應用。

　　老牛曾在社群中分享過，**台達電的獲利季節性相當明顯**，下半年獲利優於上半年，且第 3 季屬於旺季，通常為全年最高，可以趁著淡季時慢慢進場布局，在旺季來臨時享受甜美果實。

4 仁寶（2324）

　　仁寶成立於 1984 年，1992 年掛牌上市，深耕筆記型電腦、液晶視訊產品及智慧型裝置製造，為「電子代工五哥」之一（其餘四家為廣達〔2382〕、緯創〔3231〕、和碩〔4938〕及英業達〔2356〕）。2024 年初，全球前三大筆電品牌聯想（Lenovo）、惠普（HP）、戴爾（Dell）都在美國消費性電子展（Consumer Electronics Show，簡稱 CES）推出 AI PC 新品，其背後代工皆為仁寶。

　　除了消費性電子產品之外，仁寶也積極發展智慧醫療及汽車電子事業，朝 5C 布局，目前已投入長照、遠距醫療、電子病歷、智慧病房、癌症免疫細胞療法等領域，成立「陽光活力診所」投入精準醫療，並於 2022 年與新北市政府簽約，計畫發展現代化地區醫院。

　　汽車電子方面，繼中國大陸、美國、越南、巴西之後，2024 年中再於波蘭設廠，生產汽車電子控制器（Electronic Control Unit，簡稱 ECU），預計 2025 年 5 月投產。

基本資料

代號	2324	股票名稱	仁寶
產業別	電腦及周邊設備業	市場別	上市
公司名稱	仁寶電腦工業股份有限公司		
董事長	陳瑞聰		
股本	440.7 億元	成立年數	40 年
2024 年 12 月 4 日收盤價	38.4 元	上市年數	32 年
目前市值	1,595 億元	公司債發行	無
發行股數	4,407,146,625 股		
主要業務	5C 電子產品之研發、設計、產製及銷售。		
公司網址	www.compal.com		
利害關係人專區網址	http://www.compal.com/stakeholder-communication-area/		

仁寶股價走勢圖

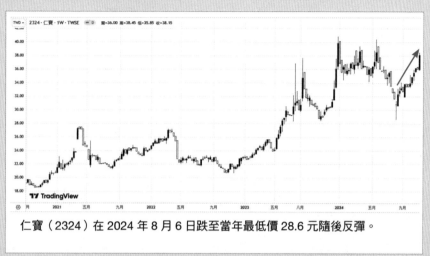

仁寶（2324）在 2024 年 8 月 6 日跌至當年最低價 28.6 元隨後反彈。

資料來源：TradingView。

仁寶近 5 年獲利數據

營業年度	營收	淨利	EPS	ROE
2024 年第 3 季	6,811 億元	81.1 億元	1.86 元	9.08%（年估）
2023 年	9,467 億元	76.7 億元	1.76 元	7.02%
2022 年	10,732 億元	72.9 億元	1.67 元	6.86%
2021 年	12,357 億元	126 億元	2.9 元	11.6%
2020 年	10,489 億元	93.6 億元	2.15 元	9.02%
2019 年	9,804 億元	69.6 億元	1.6 元	6.93%

資料來源：台灣股市資訊網；資料日期：2024 年 12 月 10 日。

仁寶本益比河流圖

資料來源：台灣股市資訊網；資料日期：2022 年 8 月 29 日至 2024 年 12 月 17 日。

 ## 仁寶近 10 年營收金額及年成長率

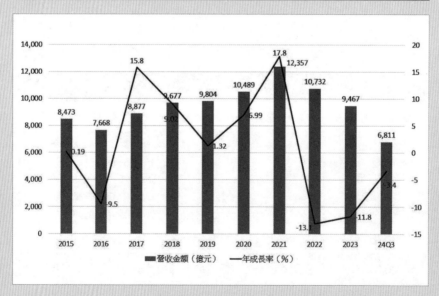

資料來源：台灣股市資訊網；資料日期：2024 年 12 月 10 日。

仁寶近 5 年現金股利數據

發放年度	現金股利	盈餘發放率	平均殖利率
2024 年	1 元	68.2%	3.4%
2023 年	1 元	71.9%	4.2%
2022 年	1.6 元	69%	8.6%
2021 年	1.2 元	74.4%	6.88%
2020 年	1 元	75%	6.36%
平均	1.16 元	71.7%	5.89%

資料來源：台灣股市資訊網。

 老牛簡評

　　仁寶代工品項包括電腦、通訊、消費性電子、通路和車用電子相關產品，目前仍以筆記型電腦代工為大宗，全球市占率約 25%，近期持續擴大非 PC、利基型新事業的營收比重，包括 AI 伺服器業務，目標 5～7 年內占整體營收達 3 成，以減緩 PC 市場需求低迷的缺口。

　　與其他知名代工廠相比，仁寶在 AI 伺服器的比重較少，使得其題材熱度較低，也代表股價不會有過熱現象。近兩年股利皆為 1.2 元，2024 年前三季較 2023 年同期成長，**預期 2025 年股利金額可望超過 1.2 元**。

5 台積電（2330）

台積電全名為「台灣積體電路製造公司」，於 1987 年成立，是全球首家專業積電路製造商，截至 2023 年客戶數達 528 家，已生產 11,895 項不同產品。目前運行的晶圓廠區包括位於臺灣的 4 座 12 吋超大晶圓廠、4 座 8 吋晶圓廠、1 座 6 吋晶圓廠；100% 持股的海外子公司台積電（南京）12 吋晶圓廠、TSMC Washington 美國 8 吋晶圓廠，及台積電（中國）8 吋晶圓廠。

2020 年啟動的美國亞利桑納州設廠計畫，第一座將於 2025 年初開始生產 4 奈米製程技術；第二座預計於 2028 年開始生產；第三座預計將在 21 世紀 20 年代末開始營運。此外，位於日本九州的熊本一廠開始量產後，也計畫建設熊本二廠，目標為 2027 年底開始營運。

2024 年 11 月的合併營收達 2,761 億元，相較 10 月衰退 12.2%，較 2023 年同期增加 34%；累計 1 至 11 月的營收總額為 2 兆 6,161 億元，相比 2023 年成長 31.8%。

基本資料

代號	2330	股票名稱	台積電
產業別	半導體業	市場別	上市
公司名稱	台灣積體電路製造股份有限公司		
董事長	魏哲家		
股本	2593.3 億元	成立年數	37 年
2024 年 12 月 4 日收盤價	1,070 元	上市年數	30 年
目前市值	27.49 兆元	公司債發行	有
發行股數	25,932,733,242 股		
主要業務	依客戶之訂單與其提供之產品設計說明，以從事製造與銷售積體電路以及其他晶圓半導體裝置。提供前述產品之封裝與測試服務、積體電路之電腦輔助設計技術服務。提供製造光罩及其設計服務。		
公司網址	https://www.tsmc.com		
利害關係人專區網址	https://esg.tsmc.com/zh-Hant/sustainable-management/materiality-analysis		

台積電股價走勢圖

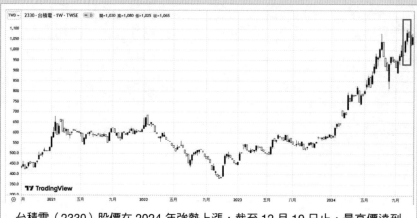

台積電（2330）股價在 2024 年強勢上漲，截至 12 月 10 日止，最高價達到 1,100 元。

資料來源：TradingView。

 ## 台積電近 5 年獲利數據

營業年度	營收	淨利	EPS	ROE
2024 年第 3 季	20,258 億元	7,986 億元	30.8 元	28.4%（年估）
2023 年	21,617 億元	8,385 億元	32.34 元	26%
2022 年	22,639 億元	10,165 億元	39.2 元	39.6%
2021 年	15,874 億元	5,965 億元	23.01 元	29.7%
2020 年	13,393 億元	5,179 億元	19.97 元	29.8%
2019 年	10,700 億元	3,453 億元	13.32 元	20.9%

資料來源：台灣股市資訊網；資料日期：2024 年 12 月 10 日。

台積電本益比河流圖

資料來源：台灣股市資訊網；資料日期：2022 年 8 月 29 日至 2024 年 12 月 17 日。

 台積電近 10 年營收金額及年成長率

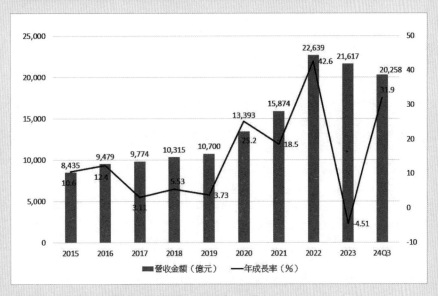

資料來源：台灣股市資訊網；資料日期：2024 年 12 月 10 日。

台積電近 5 年現金股利數據

發放年度	現金股利	盈餘發放率	平均殖利率
2024 年	15 元	42.1%	1.75%
2023 年	11.5 元	30.9%	2.12%
2022 年	11 元	37.4%	2.13%
2021 年	10.5 元	49.10%	1.76%
2020 年	10.5 元	57%	2.64%
平均	11.6 元	43.3%	2.08%

資料來源：台灣股市資訊網。

 ## 老牛簡評

　　台積電近年持續在臺、美、日、德擴大產能，先進製程已達到 3 奈米技術，並領先同業取得多數訂單，而最先進 2 奈米在 2025 年量產的首批產能，也已被大客戶蘋果預定。

　　老牛曾在 2024 年初的公開講座中分享，台積電有望站上千元大關，而公司表現也非常給力，不到半年就達標，並持續挑戰新高價。往後老牛也會定期追蹤台積電的獲利及未來展望，並在社群上分享，作為全球最大半導體晶圓代工廠，密切關注它不只能了解當下最新資訊，同時也是觀察科技產業發展的風向球。

6 京元電子（2449）

　　京元電子成立於 1987 年，14 年後才掛牌上市，在美國、中國大陸、新加坡、日本等國皆成立子公司。主要事業為半導體產品之封裝測試業務，為全球最大的專業測試廠，測試營收位居世界第二，在公司總收入占比約 85%。

　　客群以海外客戶為大宗，其中 76% 為 IC 設計公司、22% 為整合元件製造商、2% 為晶圓代工廠。全球前 50 大半導體公司中，有 50% 使用京元電子的測試服務，英特爾（Intel）、輝達、超微（AMD）、索尼（Sony）、博通（Broadcom）、聯發科（2454）、聯詠（3034）、瑞昱（2379）等公司皆為其客戶。

　　除晶圓測試外，京元電子亦提供晶圓研磨、切割、自動光學檢驗及晶圓級晶片尺寸封裝（WLCSP）等服務，其中 WLCSP主要應用在電子羅盤、陀螺儀、壓力溼度感測器、麥克風、記憶體等產品，是過去幾年營收大幅增長的項目，也是京元電子未來的發展重點。

基本資料

代號	2449	股票名稱	京元電子
產業別	半導體業	市場別	上市
公司名稱	京元電子股份有限公司		
董事長	李金恭		
股本	122.3 億元	成立年數	37 年
2024 年 12 月 4 日收盤價	126 元	上市年數	23 年
目前市值	1,675 億	公司債發行	無
發行股數	1,222,745,065 股		
主要業務	各種積體電路之設計、製造、測試、配件加工、包裝、買賣業務；各種奔應機及其零配件之製造、加工、買賣業務；前各項產品之進出口貿易業務。		
公司網址	www.kyec.com.tw		
利害關係人專區網址	http://www.kyec.com.tw/csr/csr_stakeholder.aspx		

京元電子股價走勢圖

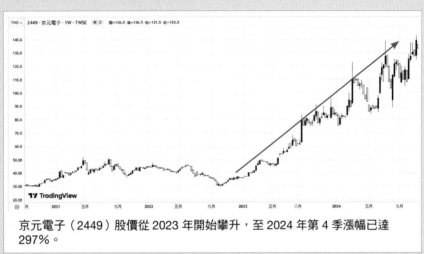

京元電子（2449）股價從 2023 年開始攀升，至 2024 年第 4 季漲幅已達 297%。

資料來源：TradingView。

京元電子近 5 年獲利數據

營業年度	營收	淨利	EPS	ROE
2024 年第 3 季	196 億元	57.5 億元	4.7%	19.2%（年估）
2023 年	330 億元	58.4 億元	4.78%	15.6%
2022 年	368 億元	68.4 億元	5.59%	19.4%
2021 年	338 億元	51.8 億元	4.23%	16.3%
2020 年	290 億元	36.4 億元	2.97%	13.1%
2019 年	255 億元	30.4 億元	2.49%	12%

資料來源：台灣股市資訊網；資料日期：2024 年 12 月 10 日。

京元電子本益比河流圖

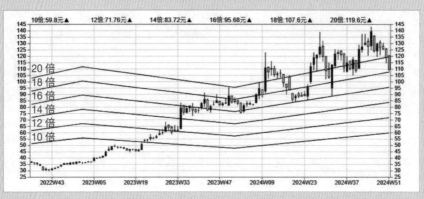

資料來源：台灣股市資訊網；資料日期：2022 年 8 月 29 日至 2024 年 12 月 17 日。

 京元電子近 10 年營收金額及年成長率

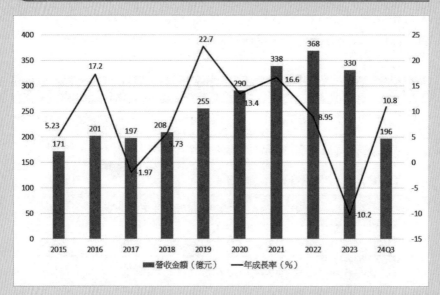

資料來源：台灣股市資訊網；資料日期：2024 年 12 月 10 日。

京元電子近 5 年現金股利數據

發放年度	現金股利	盈餘發放率	平均殖利率
2024 年	3.2 元	66.9%	3.04%
2023 年	3.5 元	62.6%	5.64%
2022 年	3 元	70.9%	7.64%
2021 年	1.8 元	67.3%	4.72%
2020 年	1.6 元	72.3%	5.39%
平均	2.62 元	68%	5.29%

資料來源：台灣股市資訊網。

 老牛簡評

　　京元電子為輝達晶片主要測試商，承接台積電 WoS 段成品測試，其測試時間也隨著效能而延長，目前公司積極提升機臺設備，新建銅鑼三廠主要將測試輝達晶片。

　　許多人不知道的是，由於京元電子在 2024 年 4 月出售京隆科技（蘇州）有限公司所有股權，處分利益 38 億元，將挹注 2024 年 EPS 約 3.13 元，公司將會於 2025 年及 2026 年各加發 1.5 元現金回饋股東，這也是法人預期 2024 年 EPS 將有機會創新高，當然股利也會很香囉。

7 聯發科（2454）

聯發科為全球第五大無廠半導體公司（只負責硬體晶片的電路設計，後交由晶圓代工廠製造），於 1997 年成立，2001 年掛牌上市。每年約有 20 億臺內建聯發科晶片的終端產品在全球上市，近 1/3 的手機採用聯發科晶片，在行動裝置、家庭娛樂、無線通訊、物聯網等領域居市場領先地位。

2019 年推出天璣系列 5G 晶片，2024 年第 4 季發表的天璣 9400，採用台積電 3 奈米製程，主打效能更強、電池續航更長，及更強的生成式 AI 應用，已有 Vivo、Oppo、Redmi 等中國大陸手機品牌採用，更出現供應短缺，讓聯發科原本因中國大陸消費性電子買氣疲弱而謹慎投片，轉為開始加大投片量。

聯發科在 2024 年第 3 季法說會中明示，智慧邊緣運算（拉近資料產生、處理、分析和儲存的距離，達成近乎即時的分析與回應速度）及雲端 AI 是下一階段的成長動能，搭載天璣 9400 的智慧型手機機型，比天璣 9300 更多，預期手機晶片的營收年成長率可超過70%。

📊 基本資料

代號	2454	股票名稱	聯發科
產業別	半導體業	市場別	上市
公司名稱	聯發科技股份有限公司		
董事長	蔡明介		
股本	160.2 億元	成立年數	27 年
2024 年 12 月 4 日收盤價	1,320 元	上市年數	23 年
目前市值	2.09 兆元	公司債發行	無
發行股數	1,601,694,282 股		
主要業務	多媒體 IC 、電腦週邊 IC、高階消費性 IC、其他特殊應用 IC。		
公司網址	http://www.mediatek.com		
利害關係人專區網址	https://corp.mediatek.tw/about/sustainability/overview/stakeholder-engagement		

聯發科股價走勢圖

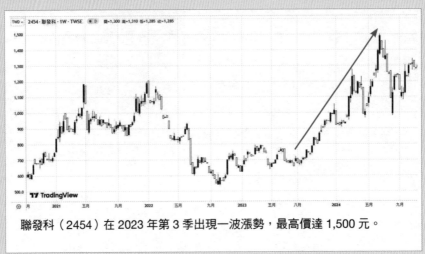

聯發科（2454）在 2023 年第 3 季出現一波漲勢，最高價達 1,500 元。

資料來源：TradingView。

聯發科近 5 年獲利數據

營業年度	營收	淨利	EPS	ROE
2024 年第 3 季	3,925 億元	826 億元	51.98%	27.8%（年估）
2023 年	4,334 億元	770 億元	48.51%	18.9%
2022 年	5,488 億元	1,181 億元	74.59%	27.1%
2021 年	4,934 億元	1,114 億元	70.56%	27.7%
2020 年	3,221 億元	409 億元	26.01%	12%
2019 年	2,462 億元	230 億元	14.69%	7.88%

資料來源：台灣股市資訊網；資料日期：2024 年 12 月 10 日。

聯發科本益比河流圖

資料來源：台灣股市資訊網；資料日期：2022 年 8 月 29 日至 2024 年 12 月 17 日。

 聯發科近 10 年營收金額及年成長率

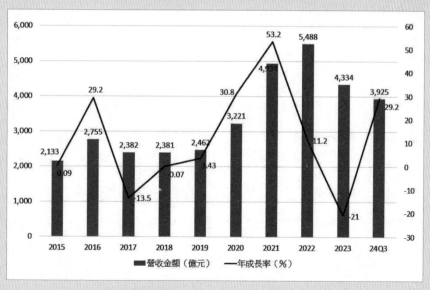

資料來源：台灣股市資訊網；資料日期：2024 年 12 月 10 日。

聯發科近 5 年現金股利數據

發放年度	現金股利	盈餘發放率	平均殖利率
2024 年	84.01 元	99.4%	7.16%
2023 年	76.01 元	79.8%	9.94%
2022 年	73 元	103%	9.28%
2021 年	37 元	142%	3.89%
2020 年	10.5 元	71.5%	1.94%
平均	56.10 元	99.14%	6.44%

資料來源：台灣股市資訊網。

老牛簡評

　　聯發科多年來藉由併購整合，強化競爭優勢、擴大產品涵蓋率，以達到一站式的整合服務。在全球手機晶片市占率近年逐漸提升，此外也攜手輝達衝刺 AI PC，分食 x86 陣營英特爾、超微寡占的 AI PC 處理器市場。

　　聯發科屬於「千金俱樂部」一員，連續 25 年配息，近幾年平均殖利率有 5% 以上，這也是為什麼它常是高息型 ETF 的首選清單，並且有籌碼之力的加持，股價也比較有支撐出現。搭配股價長期來看，符合老牛常說的公式：獲利提升→股利增加→股價上漲。

8　義隆（2458）

義隆電子是人機介面晶片領導廠商，1994 年成立，2001 年掛牌上市，主要產品為智慧型手機、平板電腦、筆記型電腦使用的觸控螢幕晶片、控板模組、指向裝置及生物辨識晶片，其中觸控螢幕晶片、觸控板模組及指向裝置，在全球筆電市場的市占率第一。

營運最大動能為觸控板模組產品，包括超薄型觸控板；採振動馬達為力回饋，沒有按壓噪音的 Haptic Pad（觸覺回饋觸控板）；整合 LED 和光學導光板機構的 Lighting Touchpad，主要是應用在筆記型電腦，且支援主動式觸控筆功能。

除了手機及電腦之外，義隆亦積極布局電子書領域多年，且已在 2024 年出貨至臺灣市占率第二及第三的電子書大廠；中國大陸的電子書品牌也在洽談中，可望在 2025 年打入中國大陸第一品牌廠的供應鏈。預期電子書應用產品在整體營收的占比，會在 2025 年及 2026 年快速成長，並在毛利率優於觸控面板模組之下，使獲利結構改變，成為重要成長動能。

基本資料

代號	2458	股票名稱	義隆
產業別	半導體業	市場別	上市
公司名稱	義隆電子股份有限公司		
董事長	葉儀皓		
股本	30.4 億元	成立年數	30 年
2024 年 12 月 4 日收盤價	154 元	上市年數	23 年
目前市值	458.9 億元	公司債發行	無
發行股數	303,880,392 股		
主要業務	內崁式微控制器及系統、數位訊號處理器及系統、電腦周邊控制積體電路及系統、指紋辨識裝置及信用卡應用人工智慧先進駕駛輔助系統、Edge AI 影像辨識在智慧交通應用。		
公司網址	http://www.emc.com.tw/		
利害關係人專區網址	http://www.emc.com.tw/twn/Social_Responsibility06.asp		

義隆股價走勢圖

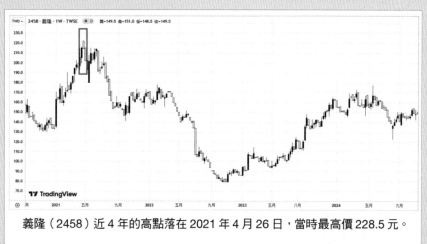

義隆（2458）近 4 年的高點落在 2021 年 4 月 26 日，當時最高價 228.5 元。

資料來源：TradingView。

義隆近 5 年獲利數據

營業年度	營收	淨利	EPS	ROE
2024 年第 3 季	96.6 億元	21.3 億元	7.47%	29.1%（年估）
2023 年	121 億元	21.4 億元	7.53%	21.1%
2022 年	130 億元	21.5 億元	7.56%	19.7%
2021 年	183 億元	51 億元	17.64%	49.7%
2020 年	151 億元	32.5 億元	11.14%	37.8%
2019 年	94.9 億元	25 億元	8.57%	34.7%

資料來源：台灣股市資訊網；資料日期：2024 年 12 月 10 日。

義隆本益比河流圖

資料來源：台灣股市資訊網；資料日期：2022 年 8 月 29 日至 2024 年 12 月 17 日。

義隆近 10 年營收金額及年成長率

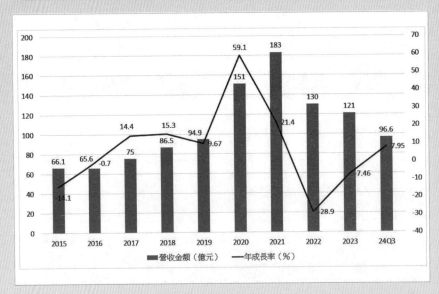

資料來源：台灣股市資訊網；資料日期：2024 年 12 月 10 日。

義隆近 5 年現金股利數據

發放年度	現金股利	盈餘發放率	平均殖利率
2024 年	7.122 元	73.5%	4.64%
2023 年	5.115 元	49.3%	4.32%
2022 年	13.81 元	78.3%	11.2%
2021 年	9 元	80.8%	5.09%
2020 年	6.5 元	75.8%	5.47%
平均	8.31 元	71.54%	6.14%

資料來源：台灣股市資訊網。

 老牛簡評

　　義隆為臺灣消費性 IC 設計大廠，成立初期以數位訊號處理器（Digital Signal Processor，簡稱 DSP）、微控制器（Microcontroller Unit，簡稱 MCU）為主要核心產品，後來則以觸控 IC 為營收主要來源。目前持續提升 AI PC 觸控市占，並且在安全性更受重視之下，高階指紋辨識產品 MOC 採用度可望提升。

　　雖然 2022 年股價一路下殺，最低來到 86 元，但老牛對它仍然深具信心，之後股價果真在 2023 年及 2024 年重返上升軌道。能夠回穩的主要原因，在於公司獲利實屬穩健，加上**配息政策為半年配息制**，代表現金流掌握度優秀，即使再次空頭來襲，也無須煩惱會有周轉不靈的窘境。

9 根基（2546）

　　根基為冠德建設（2520）之子公司，成立於 1982 年，1998 年 7 月上櫃、2000 年 9 月上市。主要承包冠德建設的建案，及政府橋梁、隧道等交通建設，營建類型包括集合住宅、百貨商場、機關學校、科技廠辦等，臺大醫院兒童醫療大樓、臺北市南門市場改建、環球購物中心中和店、中央研究院南部院區等，皆為根基負責營建。

　　近年科技廠辦、企業總部需求增加，加上政府鼓勵買房政策，建案熱銷，帶動根基在手建案量穩定，2022 年及 2023 年營收接連創歷史新高，分別為 142 億元及 143 億元。2024 年未交案量超過 300 億元，握有台積電、聯發科、大成企業總部等建案，累計至 11 月營收已達 126.3 億元。

　　股利表現方面，根基自 2007 年起，連續 18 年發放現金股利，近三年（2022～2024 年）更增加股票股利，合計殖利率長期高達 7%～8%。

基本資料

代號	2546	**股票名稱**	根基
產業別	建材營造業	**市場別**	上市
公司名稱	根基營造股份有限公司		
董事長	袁藹維		
股本	12.3 億元	**成立年數**	42 年
2024 年 12 月 4 日收盤價	75.1 元	**上市年數**	26 年
目前市值	90.5 億元	**公司債發行**	無
發行股數	123,136,031 股		
主要業務	土木、建築、水利及整地工程、各項基礎工程、橋梁、隧道工程之承攬。		
公司網址	http://www.kedge.com.tw		
利害關係人專區網址	https://www.kedge.com.tw/investor/		

根基股價走勢圖

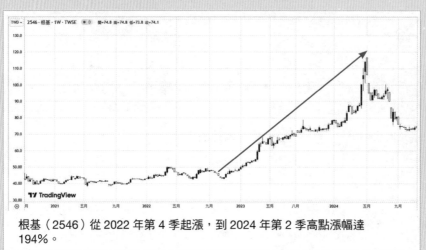

根基（2546）從 2022 年第 4 季起漲，到 2024 年第 2 季高點漲幅達 194%。

資料來源：TradingView。

根基近 5 年獲利數據

營業年度	營收	淨利	EPS	ROE
2024 年第 3 季	99.1 億元	4.85 億元	3.94%	13.3%（年估）
2023 年	143 億元	9.9 億元	8.2%	22%
2022 年	142 億元	10.5 億元	8.98%	27.2%
2021 年	108 億元	7.4 億元	6.98%	22.5%
2020 年	141 億元	6.26 億元	5.91%	21.6%
2019 年	115 億元	4.02 億元	3.79%	15.3%

資料來源：台灣股市資訊網；資料日期：2024 年 12 月 10 日。

根基本益比河流圖

資料來源：台灣股市資訊網；資料日期：2022 年 8 月 29 日至 2024 年 12 月 17 日。

根基近 10 年營收金額及年成長率

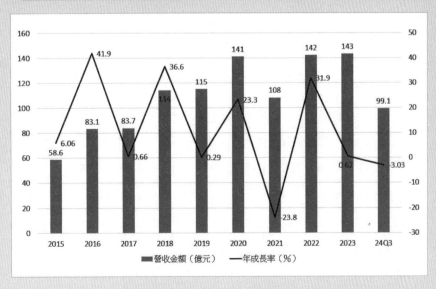

資料來源：台灣股市資訊網；資料日期：2024 年 12 月 10 日。

根基近 5 年現金股利數據

發放年度	現金股利	盈餘發放率	平均殖利率
2024 年	4 元	48.8%	4.63%
2023 年	4.15 元	46.2%	5.98%
2022 年	2.6 元	37.2%	5.07%
2021 年	3.6 元	60.9%	7.47%
2020 年	3 元	79.2%	7.04%
平均	3.47 元	54.46%	6.04%

資料來源：台灣股市資訊網。

 老牛簡評

　　根基為綜合性營造公司，也是母公司冠德建設（2520）旗下營造廠，持股約 34%。近期著名開發案包括：秀郎橋開發案、台積電竹南廠、台積電中科工程、ASML（艾司摩爾）林口廠統包、桃園會展中心、臺南鐵路地下化、嘉義鐵路高架等。

　　2024 年股價受到房市熱絡而大幅拉抬，最高來到三位數，但隨後在央行祭出打炒房政策後，股價也回到合理區間。**目前本益比不到 12 倍**，是適合長期投資的股價位階。

10 台新金（2887）

　　台新金為台新銀行及大安銀行（已併入台新銀行）於 2002 年以股票互換方式成立，同年掛牌上市。旗下包含台新銀行、台新證券、台新投信、台新投顧、台新創投、台新資產管理等子公司及關係企業，並在 2021 年 6 月獲核准，納入保德信人壽，改名成為台新人壽。

　　在董事長吳東亮主導布局 4 年後，2024 年 10 月股東臨時會決議通過，與新光金（2888）以換股方式合併，以台新金為存續公司，新光金為消滅公司，存續公司更名為台新新光金控，一旦金管會審查通過，合併後的新金控公司將會是臺灣第四大金控（據金管會統計，截至 2024 年 6 月，臺灣前三大金控為國泰金〔2882〕、富邦金〔2881〕、中信金〔2891〕）。

　　營收表現上，已連續 7 年正成長，2024 年第 1～3 季合計營收達 662 億元，較 2023 年同期成長 24.4%。股利發放方面，自 2016 年起每年穩定發放現金股利及股票股利，合計殖利率皆達 5%～7%，2024 年合計配息分配率高達 99%。

📊 基本資料

代號	2887	股票名稱	台新金
產業別	金控業	市場別	上市
公司名稱	台新金融控股股份有限公司		
董事長	吳東亮		
股本	1,407.6 億元	成立年數	22 年
2024 年 12 月 4 日收盤價	17.3 元	上市年數	22 年
目前市值	2,212 億元	公司債發行	有
發行股數	12,976,144,312 股		
主要業務	金融控股。		
公司網址	https://www.taishinholdings.com.tw/		
利害關係人專區網址	https://www.taishinholdings.com.tw/tsh/responsibility/stakeholder/interaction/		

台新金股價走勢圖

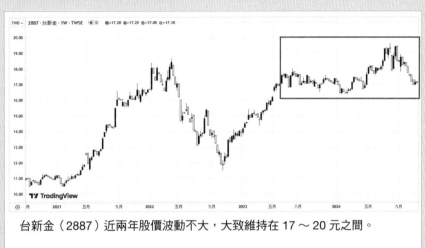

台新金（2887）近兩年股價波動不大，大致維持在 17 ～ 20 元之間。

資料來源：TradingView。

 台新金近 5 年獲利數據

營業年度	營收	淨利	EPS	ROE
2024 年第 3 季	662 億元	167 億元	1.17%	10%（年估）
2023 年	699 億元	146 億元	1.01%	6.96%
2022 年	664 億元	149 億元	1.09%	7.41%
2021 年	638 億元	203 億元	1.63%	10.6%
2020 年	441 億元	145 億元	1.17%	7.94%
2019 年	436 億元	145 億元	1.19%	8.19%

資料來源：台灣股市資訊網；資料日期：2024 年 12 月 10 日。

台新金本益比河流圖

資料來源：台灣股市資訊網；資料日期：2022 年 8 月 29 日至 2024 年 12 月 17 日。

 ## 台新金近 10 年營收金額及年成長率

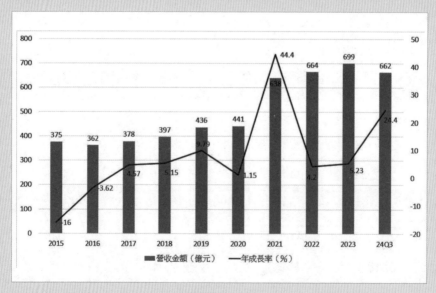

資料來源：台灣股市資訊網；資料日期：2024 年 12 月 10 日。

台新金近 5 年現金股利數據

發放年度	現金股利	盈餘發放率	平均殖利率
2024 年	0.6 元	59.4%	3.29%
2023 年	0.51 元	46.8%	2.89%
2022 年	0.605 元	37.1%	3.61%
2021 年	0.555 元	47.5%	3.48%
2020 年	0.566 元	47.5%	4.3%
平均	0.57 元	47.66%	3.51%

資料來源：台灣股市資訊網。

 老牛簡評

　　台新金控是以銀行為主體的金融控股公司，2024 年最受注目的新新併（台新金合併新光金），在雙方股東會針對合併案取得多數票之後，未來將提交申請取得金管會的同意，有望成為臺灣第二例金金併（金控及銀行合併）的案例。

　　台新金在 2024 年 11 月自結稅後純益達 13.8 億元，年減 8%；前 11 月累計稅後純益 192.8 億元，寫下歷年同期次高，年增 34%，EPS 為 1.35 元。其中銀行業務穩定，2024 年整體表現已超越 2023 年，雖有新新併變數影響，但老牛也**預期股利數字可維持在 0.9～1 元左右**。

11 中信金（2891）

中信金成立於 2002 年 5 月，同時掛牌上市，旗下有中信銀行、台灣人壽、中國信託證券、中國信託創投、中國信託資產管理、中國信託投信、中信資融、中信保全、台灣彩券等，共九家子公司。

2024 年 8 月時曾向金管會申請，以現金 360 億元加換股共 1,314 億元，公開收購新光金（2888），換算收購價為每股 14.55 元；9 月時遭金管會以未妥善規畫不同收購比率衍生的股權爭議、未充分掌握新光人壽財務狀況、對雙方股東權益保障不足等理由否決，最終停止收購計畫。

營收表現上，自 2018 年連續 6 年皆為負成長，2024 年第 1～3 季合計營收為 1,413 億元，較 2023 年同期成長 32.2%，且已超過 2023 年全年營收。11 月稅後淨利為 49.4 億元，前 11 月稅後淨利為 683.3 億元，已超越 2023 年全年獲利，累計 EPS 為 3.45 元，亦創歷史新高。股利方面，連續 17 年發放現金股利，殖利率穩定落在 5% 上下。

基本資料

代號	2891	股票名稱	中信金
產業別	金控業	市場別	上市
公司名稱	中國信託金融控股股份有限公司		
董事長	顏文隆		
股本	2012.1 億元	成立年數	22 年
2024 年 12 月 4 日收盤價	38.8 元	上市年數	22 年
目前市值	7,240 億元	公司債發行	有
發行股數	19,620,525,765 股		
主要業務	投資金融相關事業，及經主管機關核准辦理之其他有關業務。		
公司網址	https://www.ctbcholding.com		
利害關係人專區網址	https://www.ctbcholding.com/content/twhoo/zh_tw/stakeholder.html		

中信金股價走勢圖

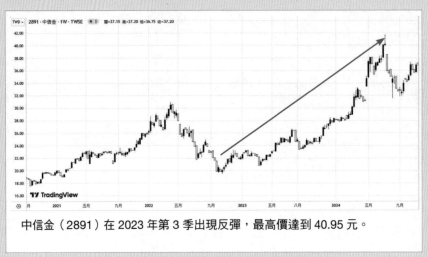

中信金（2891）在 2023 年第 3 季出現反彈，最高價達到 40.95 元。

資料來源：TradingView。

 中信金近 5 年獲利數據

營業年度	營收	淨利	EPS	ROE
2024 年第 3 季	1,413 億元	586 億元	2.95 元	16.3%（年估）
2023 年	1,366 億元	561 億元	2.82 元	13.4%
2022 年	1,393 億元	313 億元	1.55 元	7.72%
2021 年	1,861 億元	542 億元	2.73 元	12.6%
2020 年	1,944 億元	429 億元	2.15 元	10.9%
2019 年	2,647 億元	429 億元	2.16 元	12.3%

資料來源：台灣股市資訊網；資料日期：2024 年 12 月 10 日。

中信金本益比河流圖

資料來源：台灣股市資訊網；資料日期：2022 年 8 月 29 日至 2024 年 12 月 17 日。

 ## 中信金近 10 年營收金額及年成長率

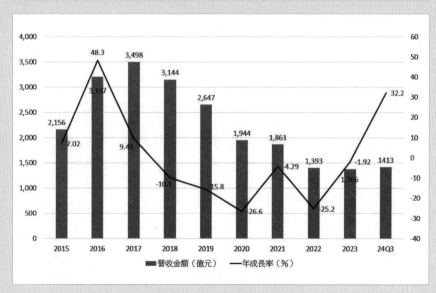

資料來源：台灣股市資訊網；資料日期：2024 年 12 月 10 日。

中信金近 5 年現金股利數據

發放年度	現金股利	盈餘發放率	平均殖利率
2024 年	1.8 元	63.8%	5.34%
2023 年	1 元	64.5%	4.11%
2022 年	1.25 元	45.8%	5.05%
2021 年	1.05 元	48.8%	4.66%
2020 年	1 元	46.3%	5.05%
平均	1.22 元	53.84%	4.84%

資料來源：台灣股市資訊網。

 ## 老牛簡評

中信金是以銀行、壽險為雙主體的金融控股公司，目前銀行業務的海外獲利均持續增加，壽險業務方面，投資獲利及避險成本皆控制得宜，雙雙帶動整體金控表現。2024 年前 11 月的獲利表現，已超越 2023 年全年獲利，創下歷年同期新高，年增 36.8%，**累計 EPS 為 3.2 元，同樣創歷史新高**。

2024 年股利為 1.8 元，當併購新光金被打了退堂鼓後，帳上現金較為充裕。目前焦點轉為 2025 年股利是否有機會擺脫「1 元金」來到 2 元，雖然公司未明確表示，但確實令人期待。

12 信邦（3023）

信邦成立於 1989 年，2001 年掛牌上櫃，2002 年上市，是電子元件整合設計製造商，主要生產連接線、連接器、電源整流器、無線天線、無線射頻辨識（RFID）等產品，應用領域包括綠色能源占 30%、工業應用占 28%、通訊相關占 19%、汽車占 15%、醫療占 8%等。據 2023 年銷售統計，以外銷中國大陸為最大宗，占 46%，其他依序是美國 29%、歐洲 10%、臺灣 10%及其他地區 5%。

2023 年與自行車廠明係（6804）合作打入 e-bike 市場，由明係的電動輔助自行車款，搭配信邦的 e-driving system 解決方案，使用者可以透過信邦研發的 App「arion」，即時監測電池用量、騎乘數據、騎乘軌跡等。2024 年再與成衣代工大廠聚陽（1477）合作，發展電脈衝肌肉刺激（EMS）家用健身衣，主要銷售美國地區。

2024 年 11 月營收較 10 月增加 2.65%，與 2023 年同期相比成長 9.81%，累計 1～11 月營收達 305.6 億元。

基本資料

代號	3023	股票名稱	信邦
產業別	電子零組件業	市場別	上市
公司名稱	信邦電子股份有限公司		
董事長	王紹新		
股本	24 億元	成立年數	35 年
2024 年 12 月 4 日收盤價	260.5 元	上市年數	23 年
目前市值	644.5 億元	公司債發行	無
發行股數	240,033,159 股		
主要業務	各種電子零件加工、製造及其成品之買賣業務；電腦周邊設備、通訊器材、電腦通訊網路及其零組件之製造、加工、買賣；代理各種電子零件有關產品之報價經銷。		
公司網址	www.sinbon.com		
利害關係人專區網址	www.sinbon.com		

信邦股價走勢圖

信邦（3023）在 2023 年 7 月 5 日達到上市以來最高價 387 元，2024 年 7 月 23 日再攀上歷史第二高價 345 元。

資料來源：TradingView。

信邦近 5 年獲利數據

營業年度	營收	淨利	EPS	ROE
2024 年第 3 季	248 億元	28 億元	11.65 元	26%（年估）
2023 年	328 億元	32.8 億元	13.71 元	22.6%
2022 年	306 億元	28.8 億元	12.22 元	24.6%
2021 年	255 億元	23.3 億元	10 元	23.8%
2020 年	218 億元	21.1 億元	9.08 元	24.9%
2019 年	179 億元	17.2 億元	7.47 元	23%

資料來源：台灣股市資訊網；資料日期：2024 年 12 月 10 日。

信邦本益比河流圖

資料來源：台灣股市資訊網；資料日期：2022 年 8 月 29 日至 2024 年 12 月 17 日。

信邦近 10 年營收金額及年成長率

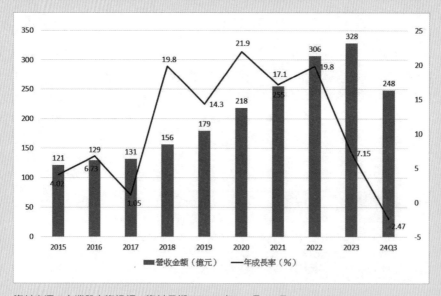

資料來源：台灣股市資訊網；資料日期：2024 年 12 月 10 日。

信邦近 5 年現金股利數據

發放年度	現金股利	盈餘發放率	平均殖利率
2024 年	9.6 元	70%	3.36%
2023 年	8.46 元	69.2%	2.65%
2022 年	6.96 元	69.6%	2.61%
2021 年	6.29 元	69.3%	2.49%
2020 年	5.3 元	71%	3.28%
平均	7.32 元	69.82%	2.88%

資料來源：台灣股市資訊網。

 老牛簡評

　　信邦專注於特殊規格產品，強調防水、工規、高頻、高拉力等線束模組，高度客製化多半是以專案生產，較能擺脫競爭困境，維持訂單動能。

　　2023 年月營收時常創新高，但 2024 年的營收表現就沒有那麼亮眼，主因是中國大陸內需尚未恢復動能，本業收益未明顯轉強。由於市場對於成長股的要求較高，2024 年股價表現較為疲弱，老牛還是建議採「右側交易」順勢操作，也就是等待止跌，才可以避免接刀；當然也可以選擇「左側交易」逐步布局，只是資金配置就要規畫清楚，會比較安全。

13 聯詠（3034）

聯詠原為聯電（2303）的商用產品事業部，於 1997 年獨立、2001 年上櫃、2002 年上市，現在是聯電主要轉投資公司，主要產品為平面顯示螢幕驅動 IC、應用於消費性電子產品之數位影音單晶片解決方案。

據專業研究機構集邦科技（TrendForce）統計，聯詠為 2023 年全球排名第七的 IC 設計公司（前五大為輝達、高通〔Qualcomm〕、博通、超微、聯發科〔2454〕）。

聯詠於 2022 年時曾入列蘋果供應鏈，但在 2023 年被剔除，2024 年中開始向韓國液晶面板製造商樂金（LGD）供貨，樂金為蘋果 iPhone 16 Pro 系列 OLED 面板的首批供應商，形同聯詠間接打入 iPhone 16 供應鏈。

營收方面，2017～2021 年連續成長；2022 年衰退 18.8%；2023 年比 2022 年微幅增加 0.43%，回歸成長局面；2024 年 1～3 季累計營收為 775 億元，相較 2023 年同期略為衰退 6.9%。股利配發方面，2020～2024 年現金配利平均 29.32 元，年均殖利率 7.36%，其中 2022 年殖利率甚至高達 15%。

基本資料

代號	3034	股票名稱	聯詠
產業別	半導體業	市場別	上市
公司名稱	聯詠科技股份有限公司		
董事長	何泰舜		
股本	60.9 億元	成立年數	27 年
2024 年 12 月 4 日收盤價	484 元	上市年數	23 年
目前市值	3,012 億元	公司債發行	無
發行股數	608,511,469 股		
主要業務	語音積體電路及系統、通訊積體電路及系統、內崁式微控制器及系統、數位訊號處理器及系統、電腦周邊控制積體電路及系統、液晶顯示器驅動積體電路及系統之研究、開發、設計、生產、製造、銷售。		
公司網址	www.novatek.com.tw		
利害關係人專區網址	https://www.novatek.com.tw/zh-TW/Html/stakeholder		

聯詠股價走勢圖

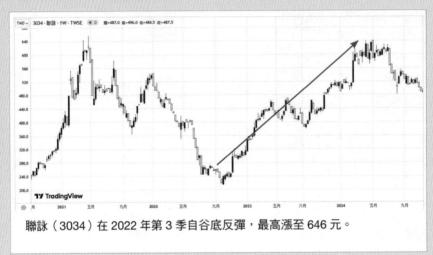

聯詠（3034）在 2022 年第 3 季自谷底反彈，最高漲至 646 元。

資料來源：TradingView。

 聯詠近 5 年獲利數據

營業年度	營收	淨利	EPS	ROE
2024 年第 3 季	775 億元	155 億元	25.54 元	31.7%（年估）
2023 年	1,104 億元	233 億元	38.32 元	35.1%
2022 年	1,100 億元	280 億元	45.96 元	41.1%
2021 年	1,354 億元	389 億元	63.87 元	70.4%
2020 年	800 億元	118 億元	19.42 元	32.4%
2019 年	644 億元	79.3 億元	13.03 元	25%

資料來源：台灣股市資訊網；資料日期：2024 年 12 月 10 日。

聯詠本益比河流圖

資料來源：台灣股市資訊網；資料日期：2022 年 8 月 29 日至 2024 年 12 月 17 日。

聯詠近 10 年營收金額及年成長率

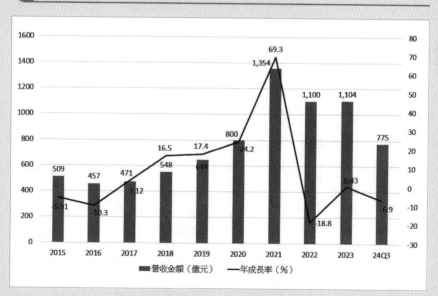

資料來源：台灣股市資訊網；資料日期：2024 年 12 月 10 日。

聯詠近 5 年現金股利數據

發放年度	現金股利	盈餘發放率	平均殖利率
2024 年	32 元	83.5%	5.71%
2023 年	37 元	80.5%	8.56%
2022 年	51.5 元	80.6%	15%
2021 年	15.6 元	80.3%	3.22%
2020 年	10.5 元	80.6%	4.31%
平均	29.32 元	81.1%	7.36%

資料來源：台灣股市資訊網。

老牛簡評

聯詠目前是全球顯示器驅動 IC（Display Driver IC，簡稱 DDI）與單晶片解決方案（System on a Chip，簡稱 SoC）的前二大廠，全球市占率約 23%。

受到面板報價、終端需求波動，營收表現與財務比率都遭逢影響，不過公司產品競爭力強，長期仍維持超過 4 成的毛利率。目前已打入 Arm（安謀控股，是軟銀集團旗下半導體設計與軟體公司）合作夥伴生態系，**AI 客製化晶片題材預計 2026 年下半年才會開始顯現**。

14 智易（3596）

智易（3596）為仁寶集團旗下一員，於 2003 年成立，2007 年興櫃、2009 年上市，初期為品牌代工，從 2012 年起轉型為直接出貨給電信客戶。

主要生產網路終端設備，包括訊號延伸器、機上盒、語音助理等家用 Wi-Fi 及多媒體解決方案；用於大型商用車輛的 79GHz 內輪差盲點雷達、360 度全方位 77GHz 盲點警示雷達、車聯網（Vehicle-to-everything）等車用產品；光纖通訊網路（FTTx）、xDSL 寬頻整合接取設備等寬頻固網產品；小型基地台（Small Cell）、5G 終端設備等行動通訊產品。在臺北、新竹、上海、廣東設有研發中心，另在西班牙、德國、美國、加拿大、澳洲、印度等地都有技術支援中心。

從 2018 年起，營收連續 6 年正成長，2024 年前三季合計 369 億元，較 2023 年同期略減 0.41％，但智易在 2024 年第 3 季法說會表示，看好 2025 年會是 Wi-Fi 7 元年，公司寬頻固網、智慧家庭、行動通訊這三大產品線都將受惠。

📊 基本資料

代號	3596	股票名稱	智易
產業別	通信網路業	市場別	上市
公司名稱	智易科技股份有限公司		
董事長	陳瑞聰		
股本	22 億元	成立年數	21 年
2024 年 12 月 4 日收盤價	174.5 元	上市年數	15 年
目前市值	393.3 億元	公司債發行	有
發行股數	220,354,321 股		
主要業務	無線區域網路產品、整合性數位家庭及行動辦公室之多媒體閘道器、無線影音產品。		
公司網址	www.arcadyan.com		
利害關係人專區網址	www.arcadyan.com/contentpage.aspx?type=infocontent&L2id=171&infoid=56		

智易股價走勢圖

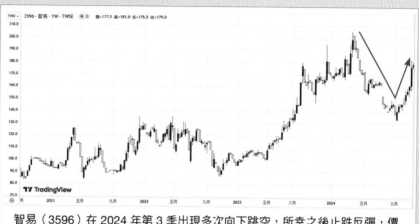

智易（3596）在 2024 年第 3 季出現多次向下跳空，所幸之後止跌反彈，價位回檔至 180 元上下。

資料來源：TradingView。

智易近 5 年獲利數據

營業年度	營收	淨利	EPS	ROE
2024 年第 3 季	369 億元	18.7 億元	8.47 元	16.4%（年估）
2023 年	512 億元	24.2 億元	10.98 元	16.6%
2022 年	472 億元	20.1 億元	9.2 元	14.3%
2021 年	382 億元	17.9 億元	8.6 元	13.7%
2020 年	338 億元	17.1 億元	8.36 元	14%
2019 年	329 億元	13.1 億元	6.85 元	13%

資料來源：台灣股市資訊網；資料日期：2024 年 12 月 10 日。

📈 智易本益比河流圖

資料來源：台灣股市資訊網；資料日期：2022 年 8 月 29 日至 2024 年 12 月 17 日。

📈 智易近 10 年營收金額及年成長率

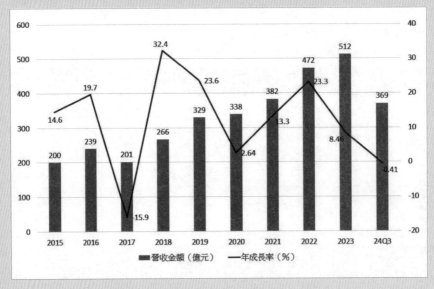

資料來源：台灣股市資訊網；資料日期：2024 年 12 月 10 日。

智易近 5 年現金股利數據

發放年度	現金股利	盈餘發放率	平均殖利率
2024 年	7 元	63.8%	4.3%
2023 年	6.5 元	70.7%	4.89%
2022 年	6.71 元	78%	5.93%
2021 年	6.5 元	77.7%	6.4%
2020 年	4.7 元	68.6%	5.52%
平均	6.28 元	71.76%	5.41%

資料來源：台灣股市資訊網。

 ## 老牛簡評

　　智易受惠於近年各國推動 5G 頻寬的設備需求、看好 Wi-Fi 7 換機效益，加上前美國總統拜登（Joe Biden）簽署的 420 億美元寬頻網路基建計畫，間接帶動設備替換商機，從營收走勢就能看見成長趨勢。

　　這也讓老牛想起 2024 年到加拿大旅遊時，曾一度在國家公園中手機完全沒有訊號。5G 寬頻成為各國相繼推動的重要建設之一，提升網路通訊效率是不可逆的進程，也是軟實力的象徵，而智易就是重要的網通相關廠商。2023 年營收首度衝破 400 億元大關，2024 年營收有望續創新高；營收趨勢持續向上，代表公司具有穩定的成長性。

15 大聯大（3702）

　　大聯大（3702）全名為大聯大控股股份有限公司，於2005年成立及掛牌上市，是專注亞太地區市場的半導體元件通路商，旗下擁有世平、品佳、詮鼎、友尚等四大集團。

　　根據2024年上半年財報，大聯大為全球第二大IC通路商（第一大為文曄〔3036〕），代理產品之供應商超過250家，包括AMD、英特爾、美光（Micron）、高通、瑞昱（2379）、三星電子（Samsung）、意法半導體（ST Micro）等。繼2019年公開收購文曄流通在外三成股權，成為文曄最大股東之後，在2023年底再認購文曄近1,600萬股，現為僅次於祥碩（5269）的第二大股東。

　　經營績效方面，在連續兩年營收負成長（2022年衰退0.43%、2023年衰退13.3%）之後，2024年截至11月合計營收為7,970億元，已超過2023年全年營收6,722億元。股利配發方面，自成立以來已連續18年發放現金股利，合計44.87元，平均2.36元，殖利率一直維持在6%～7%水準。

基本資料

代號	3702	股票名稱	大聯大
產業別	電子通路業	市場別	上市
公司名稱	大聯大控股股份有限公司		
董事長	黃偉祥		
股本	187.9 億元	成立年數	19 年
2024 年 12 月 4 日收盤價	70.5 元	上市年數	19 年
目前市值	1,295 億元	公司債發行	無
發行股數	1,679,056,833 股		
主要業務	一般投資業；國際貿易業；產業控股公司業。		
公司網址	www.wpgholdings.com		
利害關係人專區網址	http://www.wpgholdings.com/stakeholder/index/zhtw		

📊 大聯大股價走勢圖

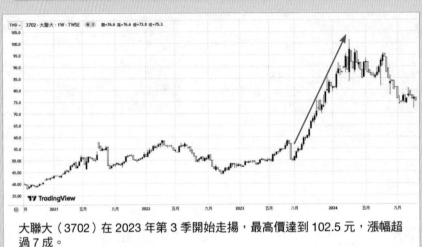

大聯大（3702）在 2023 年第 3 季開始走揚，最高價達到 102.5 元，漲幅超過 7 成。

資料來源：TradingView。

大聯大近 5 年獲利數據

營業年度	營收	淨利	EPS	ROE
2024 年第 3 季	6,489 億元	56.2 億元	3.11 元	8.85%（年估）
2023 年	6,719 億元	81.1 億元	4.59 元	10.5%
2022 年	7,752 億元	105 億元	6.02 元	14.9%
2021 年	7,786 億元	115 億元	6.61 元	17%
2020 年	6,099 億元	81.2 億元	4.77 元	12.6%
2019 年	5,276 億元	64.5 億元	3.84 元	11%

資料來源：台灣股市資訊網；資料日期：2024 年 12 月 10 日。

大聯大本益比河流圖

資料來源：台灣股市資訊網；資料日期：2022 年 8 月 29 日至 2024 年 12 月 17 日。

 大聯大近 10 年營收金額及年成長率

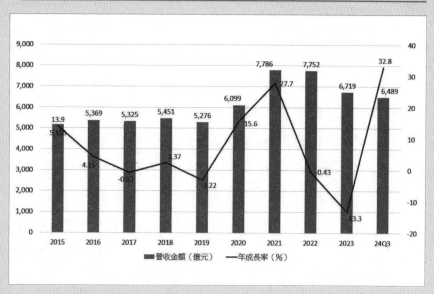

資料來源：台灣股市資訊網；資料日期：2024 年 12 月 10 日。

大聯大近 5 年現金股利數據

發放年度	現金股利	盈餘發放率	平均殖利率
2024 年	3.5 元	76.3%	4.08%
2023 年	3.85 元	64%	6.67%
2022 年	3.5 元	53%	6.75%
2021 年	3.1 元	65%	6.28%
2020 年	2.4 元	62.5%	6.07%
平均	3.27 元	64.16%	5.97%

資料來源：台灣股市資訊網。

 ## 老牛簡評

　　大聯大為 IC 元件通路商，透過合併多家 IC 通路商的方式擴大公司規模，藉此降低採購成本。目前與文曄搶占全球 IC 通路商前兩名位置，規模還在持續擴大中。

　　IC 通路的特性與半導體景氣有關，在營收走勢變化也能看出端倪，加上目前 AI 伺服器及 AI PC 應用率提升，對於企業拉貨帶動 IC 通路訂單也有所幫助。雖然股價在 2024 年下半年轉為弱勢，但由於 AI 相關需求會遞延至 2025 上半年，公司方面認為屆時有機會看到急單需求出現。老牛也希望**能有相對便宜的價格出現，到時再進場也不晚**。

16 致伸（4915）

致伸（4915）創立於 1984 年，曾在 1995 年掛牌上市，2007 年時為調整股權結構而下市，至 2012 年二度掛牌上市。

主要產品分為三大類：電腦周邊、電競相關、筆電相機模組、觸控模組等資訊產品；指紋辨識模組、智慧音箱、專業音響系統、喇叭單體、TWS 真無線藍芽耳機等智慧生活類產品；車用感測相機模組、商用會議系統、智慧門鎖、智慧物聯閘道器等車用及物聯產品。生產基地包括中國大陸、泰國、捷克及墨西哥，2024 年第 2 季公布的產品營收比重為資訊產品 49％、智慧生活產品 20％、車用及智慧物聯產品 31％。

截至 2024 年 11 月的營收為 541.7 億元，較 2023 年同期稍減 4％；稅後淨利為 20.8 億元，較 2023 年同期成長 4.56％。股利發放方面，自 2012 年二次上市以來，每年持續配發現金股利，未曾間斷，合計發放 31.21 元，平均 2.4 元，殖利率維持在 4％～6％之間。

基本資料

代號	4915	股票名稱	致伸
產業別	電子零組件業	市場別	上市
公司名稱	致伸科技股份有限公司		
董事長	潘永中		
股本	46.6 億元	成立年數	18 年
2024 年 12 月 4 日收盤價	80.3 元	上市年數	12 年
目前市值	363 億元	公司債發行	無
發行股數	466,032,824 股		
主要業務	電子零組件及非電腦周邊產品之設計開發、製造與銷售。		
公司網址	www.primax.com.tw		
利害關係人專區網址	http://www.primax.com.tw/investor.htm		

致伸股價走勢圖

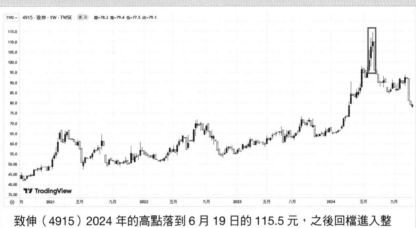

致伸（4915）2024 年的高點落到 6 月 19 日的 115.5 元，之後回檔進入整理區間。

資料來源：TradingView。

致伸近 5 年獲利數據

營業年度	營收	淨利	EPS	ROE
2024 年第 3 季	450 億元	20.8 億元	4.58 元	15.1%（年估）
2023 年	605 億元	24.9 億元	5.5 元	14.1%
2022 年	792 億元	27.4 億元	6.1 元	16.5%
2021 年	716 億元	23 億元	5.13 元	15%
2020 年	682 億元	19.2 億元	4.3 元	13%
2019 年	806 億元	21.3 億元	4.8 元	15.4%

資料來源：台灣股市資訊網；資料日期：2024 年 12 月 10 日。

致伸本益比河流圖

資料來源：台灣股市資訊網；資料日期：2022 年 8 月 29 日至 2024 年 12 月 17 日。

致伸近 10 年營收金額及年成長率

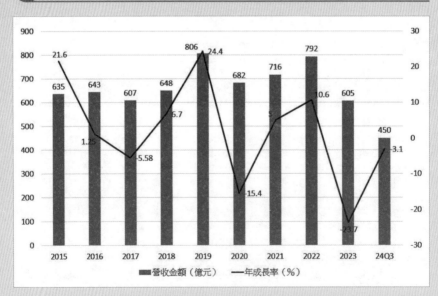

資料來源：台灣股市資訊網；資料日期：2024 年 12 月 10 日。

致伸近 5 年現金股利數據

發放年度	現金股利	盈餘發放率	平均殖利率
2024 年	4 元	72.7%	4.66%
2023 年	3.9 元	63.9%	6.12%
2022 年	3.1 元	60.5%	5.26%
2021 年	3 元	69.8%	5.43%
2020 年	2.4 元	50%	5.14%
平均	3.28 元	63.38%	5.32%

資料來源：台灣股市資訊網。

 老牛簡評

　　致伸近幾年成功打入特斯拉 ADAS 車載鏡頭模組，因應大客戶訂單需求，公司已斥資 2,000 萬美元在墨西哥設廠，在車用市場布局，除了影像模組之外，包括音響、無線充電等產品都已進入車用供應鏈。

　　老牛私底下稱呼致伸為「小光寶」，因為如果單看產品別，我認為很像光寶科（2301）。2024 年股價衝上三位數之後，又在除息後回到二位數，目前本益比回到 14 倍附近，雖說短期上方還有層層關卡待突破，但長期來看仍具有價值性。

17 中租-KY（5871）

中租-KY（5871）原名為中租控股，於 1977 年發跡於中國租賃，初期業務為生產設備租賃，協助企業快速增添或更新設備；1980 年成立迪和，辦理分期付款買賣業務，1995 年中國租賃與迪和合併，成為中租迪和。2009 年整合國內外各地子公司成立中租控股，2011 年在臺灣掛牌上市，為鹿港辜家名下事業，目前業務包括：設備租賃、分期付款、應收帳款受、融資等。

中租早在 1989 年即已積極布局海外市場，現在於英國、愛爾蘭、中國大陸、日本、美國、越南、馬來西亞、菲律賓、印尼、新加坡、泰國、柬埔寨等地都有據點，總計有 133 處分支機構，並計畫在 2024 年再增設 10 處，持續擴大海外營運動能。

自 2011 年起，連續 13 年營收皆為成長局面，2024 年截至第 2 季的累計營收為 507 億元，較 2023 年同期增長 7.34％，稅後淨利為 122 億元，稍減 6.42％。股利方面同樣連續 13 年配發現金股利，累計共 53.29 元，2018 年起亦配發股票股利，殖利率長期維持在 3％～4％。

📊 基本資料

代號	5871	股票名稱	中租-KY
產業別	其他業	市場別	上市
公司名稱	中租控股股份有限公司		
董事長	陳鳳龍		
股本	182.8 億元	成立年數	15 年
2024 年 12 月 4 日收盤價	122.5 元	上市年數	13 年
目前市值	2,466 億元	公司債發行	有
發行股數	1,677,863,884 股		
主要業務	租賃業務、分期付款買賣融資及應收帳款收買暨管理業務。		
公司網址	http://www.chaileaseholding.com/		
利害關係人專區網址	https://www.chaileaseholding.com/CSR/RelatedMeeting		

中租-KY股價走勢圖

TWD · 5871·中租-KY·1W·TWSE ● 0 開=147.5 高=147.5 低=130.5 收=130.5

中租（5871）2023 年第 1 季站上 243.5 元高點後出現回檔，2024 年股價一直維持在 140 ～ 170 元之間。

資料來源：TradingView。

中租-KY近 5 年獲利數據

營業年度	營收	淨利	EPS	ROE
2024 年第 3 季	770 億元	184 億元	10.83 元	14.8%（年估）
2023 年	975 億元	250 億元	15.15 元	16.6%
2022 年	866 億元	272 億元	17.17 元	21.3%
2021 年	722 億元	216 億元	14.8 元	21%
2020 年	595 億元	169 億元	12.2 元	20.2%
2019 年	591 億元	155 億元	11.65 元	23.3%

資料來源：台灣股市資訊網；資料日期：2024 年 12 月 10 日。

📊 中租-KY本益比河流圖

資料來源：台灣股市資訊網；資料日期：2022 年 8 月 29 日至 2024 年 12 月 17 日。

📊 中租-KY近 10 年營收金額及年成長率

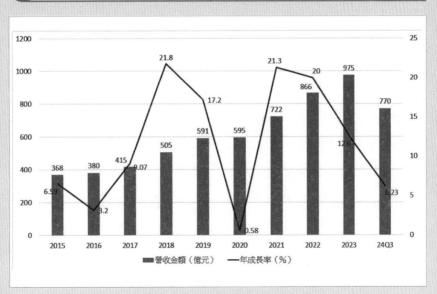

資料來源：台灣股市資訊網；資料日期：2024 年 12 月 10 日。

中租-KY近 5 年現金股利數據

發放年度	現金股利	盈餘發放率	平均殖利率
2024 年	6.5 元	42.9%	4.03%
2023 年	6.4 元	37.3%	3.16%
2022 年	6 元	40.5%	2.78%
2021 年	5 元	41%	2.3%
2020 年	4.6 元	39.5%	3.58%
平均	5.7 元	40.24%	3.17%

資料來源：台灣股市資訊網。

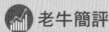 **老牛簡評**

　　中租-KY 為臺灣租賃業龍頭，初期辦理生產設備及企業生財器具租賃業務，以協助企業迅速的增添或更新機器設備，近年陸續導入重車融資、小客車融資、營建機具融資、微型企業融資、辦公室設備租賃等全方位之專業化服務。

　　近兩年受到暴力升息引起資金成本提升，臺灣、中國大陸、東協市場延滯率控制不佳，均連帶影響獲利走勢。不過營收趨勢持續成長，等待利空因素緩解，獲利仍有機會重返增長趨勢。

18 力成（6239）

　　力成（6239）為半導體封裝測試廠商，1997 年成立、2002 年興櫃、2003 年上櫃、2004 年上市。營運範圍涵蓋晶圓凸塊、針測、IC 封裝、測試、預燒成品、固態硬碟封裝等項目，2017 年開始布局日本車用電子及物聯網，2018 年投入先進面板級扇出型封裝市場。

　　在 2022 年全球專業封測廠商排名中，力成位居第五（前四大分別為日月光投控〔3711〕、美國的艾克爾國際〔Amkor〕、中國大陸的長電科技及通富微電），主要生產據點分布在臺灣、中國大陸及日本，客戶包括英特爾、美光、鎧俠（Kioxia）、聯發科等；2023 年產品營收占比分別為 IC 封裝 64%、IC 測試 14%、模組加工 8%、晶圓級測試 8%、晶圓級封裝 4%。

　　經營績效方面，2024 年累計前三季營收為 562 億元，稅後淨利為 52.7 億元，與 2023 年同期相比分別增加 9.36% 及 30.2%。上市以來穩定每年皆配發現金股利，合計已發放 81.65 元，**殖利率多落在 4%～6% 之間**。

📊 基本資料

代號	6239	股票名稱	力成
產業別	半導體業	市場別	上市
公司名稱	力成科技股份有限公司		
董事長	蔡篤恭		
股本	75.9 億元	成立年數	27 年
2024 年 12 月 4 日收盤價	123 元	上市年數	21 年
目前市值	983.1 億元	公司債發行	無
發行股數	759,146,634 股		
主要業務	積體電路與半導體元件之測試服務、自動測試電腦軟體之研發、設計與銷售。		
公司網址	https://www.pti.com.tw/		
利害關係人專區網址	https://www.pti.com.tw/		

📈 力成股價走勢圖

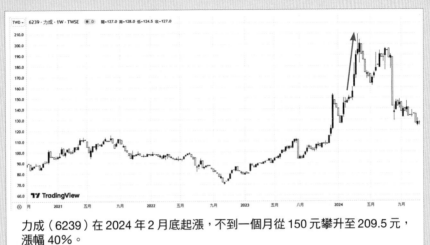

力成（6239）在 2024 年 2 月底起漲，不到一個月從 150 元攀升至 209.5 元，漲幅 40%。

資料來源：TradingView。

力成近 5 年獲利數據

營業年度	營收	淨利	EPS	ROE
2024 年第 3 季	562 億元	52.7 億元	7.05 元	12.6%（年估）
2023 年	704 億元	80.1 億元	10.72 元	14%
2022 年	839 億元	86.9 億元	11.6 元	16.6%
2021 年	838 億元	89 億元	11.54 元	19.3%
2020 年	762 億元	66.6 億元	8.6 元	14.4%
2019 年	665 億元	58.4 億元	7.52 元	12.7%

資料來源：台灣股市資訊網；資料日期：2024 年 12 月 10 日。

力成本益比河流圖

資料來源：台灣股市資訊網；資料日期：2022 年 8 月 29 日至 2024 年 12 月 17 日。

 ## 力成近 10 年營收金額及年成長率

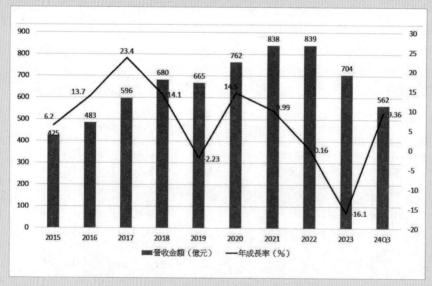

資料來源：台灣股市資訊網；資料日期：2024 年 12 月 10 日。

力成近 5 年現金股利數據

發放年度	現金股利	盈餘發放率	平均殖利率
2024 年	7 元	65.3%	4.35%
2023 年	7 元	60.3%	6.92%
2022 年	6.8 元	58.9%	7.68%
2021 年	5 元	58.1%	4.82%
2020 年	4.5 元	59.8%	4.66%
平均	6.06 元	60.48%	5.69%

資料來源：台灣股市資訊網。

 老牛簡評

　　力成在記憶體領域為全球最大封測廠，記憶體品牌金士頓（Kingston）、東芝（Toshiba）皆為其股東。於 2012 年入主超豐（2441）之後，再切入邏輯 IC 封測領域，現今主要產品為 DRAM、Flash、以及邏輯 IC 封測。

　　2023 年底以來，受到記憶體市況好轉，與 AI 伺服器應用帶動記憶體訂單，力成股價一度突破 200 元的成績，但隨後又往下修正。老牛認為目前殖利率約為 6% 左右，具有足夠的安全性，等待短線市場利空壓力結束後，會再向上反攻。

19 矽格（6257）

矽格（6257）是半導體封裝及測試代工廠商，成立於 1988 年，原名為巨大電子，1998 年改名為矽格，2003 年掛牌上市。封裝服務包括晶圓級封裝、晶圓凸塊、覆晶封裝、窗型柵式陣列封裝；測試業務則涵蓋標準和客製化方案兩大領域，包括邏輯、類比、混合信號、射頻、記憶體、電源等測試。

在 2022 年臺灣 IC 封測廠商排名中，矽格位居第六（前五大為日月光投控〔3711〕、力成〔6239〕、京元電子〔2449〕、頎邦〔6147〕、南茂〔8150〕），主要客戶有聯發科（2454）、晨星（Morningstar）、揚智（3041）、致新（8081）、類比科（3438）、微晶片科技（Microchip）；產線分布在臺灣、中國大陸及日本，2024 年末投入 26 億元興建新廠，瞄準 AI、特殊應用晶片（ASIC）及車用客群，預計 2027 年第 1 季完工。

經營績效上，自 2016 年起營收連續 7 年成長，2023 年衰退 17.2%，2024 年 1～3 季累計營收 133 億元，較 2023 年同期增加 16% 及 34.4%；稅後淨利 19.9 億元，已超過 2023 年全年的 17.4 億元。

📊 基本資料

代號	6257	股票名稱	矽格
產業別	半導體業	市場別	上市
公司名稱	矽格股份有限公司		
董事長	黃興陽		
股本	48.3 億元	成立年數	36 年
2024 年 12 月 4 日 收盤價	69.5 元	上市年數	21 年
目前市值	346.6 億元	公司債發行	有
發行股數	483,175,692 股		
主要業務	電子零組件製造；資料儲存媒體製造及複製； 其他工商服務。		
公司網址	www.sigurd.com.tw		
利害關係人專區網址	www.sigurd.com.tw		

矽格股價走勢圖

> 矽格（6257）自 2023 年第 3 季開始走揚，這波高點落在 2024 年 5 月 16 日的 84 元，之後進入整理區間。

資料來源：TradingView。

 ## 矽格近 5 年獲利數據

營業年度	營收	淨利	EPS	ROE
2024 年第 3 季	133 億元	19.9 億元	4.26 元	14.5%（年估）
2023 年	155 億元	17.4 億元	3.8 元	10.9%
2022 年	187 億元	30.3 億元	6.68 元	18.9%
2021 年	167 億元	27.9 億元	6.25 元	18.5%
2020 年	124 億元	17.8 億元	4.22 元	13.5%
2019 年	100 億元	12.9 億元	3.26 元	12.3%

資料來源：台灣股市資訊網；資料日期：2024 年 12 月 10 日。

矽格本益比河流圖

資料來源：台灣股市資訊網；資料日期：2022 年 8 月 29 日至 2024 年 12 月 17 日。

矽格近 10 年營收金額及年成長率

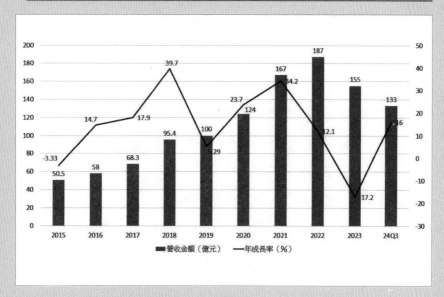

資料來源：台灣股市資訊網；資料日期：2024 年 12 月 10 日。

矽格近 5 年現金股利數據

發放年度	現金股利	盈餘發放率	平均殖利率
2024 年	2.6 元	68.4%	3.51%
2023 年	4.2 元	62.9%	7.42
2022 年	4.13 元	66.1%	7.75%
2021 年	2.87 元	123%	5.11%
2020 年	2.2 元	55.7%	5.65
平均	3.2 元	75.22%	5.89%

資料來源：台灣股市資訊網。

 老牛簡評

　　相較於大型封測廠，矽格僅專注於電源管理 IC 與網通 IC 的測試業務，2017 年正式收購新加坡商 Bloomeria 之後，間接持有台星科（3265）最大股權，正式切入中國長電科技供應鏈，及其他海外半導體客戶，也正式由測試業務轉型至封測之統包服務。

　　矽格規模相對小，較可惜沒有吃到 CoWoS 題材，但好處是股價走勢來得穩定，可隨著長期獲利向上。近期調高 2024 年資本支出，從 12.09 億元提升至 38.09 億元，多用於建構廠房所用，主要是看好 2026 年半導體市場成長性，及打造運用 AI、自動化生產線，提供客戶 AI、HPC（高效能運算）等高階測試服務。

20　櫻花（9911）

　　櫻花（9911）前身為台灣櫻花工業，成立於 1978 年，生產除油煙機、瓦斯爐具、熱水器，並在當時即已提供「油網免費送到家」、「熱水器免費安全檢查」等永久免費售後服務。1988 年時因業務大幅增長，改組成台灣櫻花，1992 年掛牌上市。

　　1989 年起即積極拓展海外，目前在中國大陸、香港、馬來西亞、越南、美國、加拿大等地都設有據點，主要產線在臺中大雅、神岡、烏日；中國大陸的江蘇昆山；廣東順德及越南平陽。2020 年成立櫻花家居，從廚房跨足居家空間，提供居家裝修一站式服務；2024 年入主居家裝修品牌愛菲爾，取得 51％ 股權，目標結合雙方優勢及資源，共同搶攻臺灣千億元居家裝修市場。

　　櫻花自 2011 年起，營收連續 13 年成長，2024 年前三季合計營收為 71.8 億元，較 2023 年同期增長 20.3％；稅後淨利為 9.99 億元，已逼近 2023 年全年淨利 10.7 億元。現金股利發放自 2008 年起未曾間斷，**殖利率穩定維持在 5%～6% 之間**。

📊 基本資料

代號	9911	股票名稱	櫻花
產業別	居家生活	市場別	上市
公司名稱	台灣櫻花股份有限公司		
董事長	張永杰		
股本	22.1 億元	成立年數	36 年
2024 年 12 月 4 日收盤價	85.1 元	上市年數	32 年
目前市值	181.8 億元	公司債發行	無
發行股數	221,121,188 股		
主要業務	除油煙機、瓦斯爐、熱水器及系統廚具。		
公司網址	www.sakura.com.tw		
利害關係人專區網址	https://www.sakura.com.tw/About		

📈 櫻花股價走勢圖

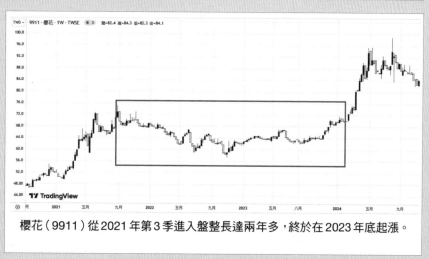

櫻花（9911）從2021年第3季進入盤整長達兩年多，終於在2023年底起漲。

資料來源：TradingView。

📈 櫻花近 5 年獲利數據

營業年度	營收	淨利	EPS	ROE
2024 年第 3 季	71.8 億元	9.99 億元	4.56 元	21.6%（年估）
2023 年	82.7 億元	10.7 億元	4.9 元	18.2%
2022 年	82.1 億元	10.2 億元	4.66 元	18.1%
2021 年	75.7 億元	10.1 億元	4.62 元	19.2%
2020 年	66.3 億元	8.93 億元	4.08 元	18.4%
2019 年	63 億元	8.89 億元	4.06 元	19.6%

資料來源：台灣股市資訊網；資料日期：2024 年 12 月 10 日。

櫻花本益比河流圖

資料來源：台灣股市資訊網；資料日期：2022 年 8 月 29 日至 2024 年 12 月 17 日。

櫻花近 10 年營收金額及年成長率

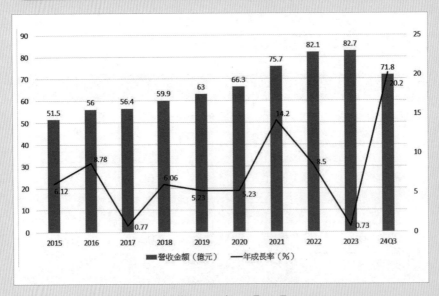

資料來源：台灣股市資訊網；資料日期：2024 年 12 月 10 日。

櫻花近 5 年現金股利數據

發放年度	現金股利	盈餘發放率	平均殖利率
2024 年	3.88 元	79.2%	4.6%
2023 年	3.7 元	79.4%	5.73%
2022 年	3.6 元	77.9%	5.66%
2021 年	3.2 元	78.4%	4.98%
2020 年	2.65 元	65.3%	5.55%
平均	3.41 元	76.04%	5.30%

資料來源：台灣股市資訊網。

 老牛簡評

　　櫻花以臺灣為主要銷售地區，傳統式或數位式瓦斯熱水器在臺灣市占皆為 5 成以上，在臺灣已有超過 3,500 個銷售據點。

　　由於櫻花為內需股，且市占率較高，訂價能力也是護城河之一，消費者不太會因為通膨而減少購買需求，營收獲利原則上不至於出現較大波動。再加上旗下產品多數屬於民生必需品，能支撐營收呈現穩健的成長走勢。

　　近年本益比均落在 10～14 倍之間，建議買在相對低的本益比；至於長線投資，亦可以年線作為重要的股價支撐點。

第 3 章

高股息 ETF 稱霸，
債券型股債雙賺

財富自由

這幾年來 ETF 的熱度可說是越燒越旺，到 2024 年更成為投資市場的「全民運動」，規模持續不斷擴張。為什麼 ETF 能在投資市場爆紅？其道理在於便利性與多樣性。

ETF 有五大優勢：費用低廉、風險分散、高透明度、追隨趨勢、汰弱留強，讓它就像一臺自助販賣機，投資人只需要按幾個按鈕，就能獲得一籃子涵蓋多元資產的「投資套餐」，無論是想投資股票、債券，還是黃金、原油等商品都能滿足。

最多人買的前 5 檔全是高息型，差異怎麼看？

台股 ETF 在這些年的演進之下，已逐步成為更適合長期投資的標的，加上臺灣的投資人偏好領利息，高股息 ETF 就像會不停生蛋的母雞，過一段時間就穩定配息，更是讓存股族欲罷不能。

在台股 ETF 市場中，達到千億資產規模的共 18 檔，其中高股息型有 6 檔，包括國泰永續高股息（00878）、元大高股息（0056）、群益台灣精選高息（00919）、復華台灣科技優息（00929）、元大台灣價值高息（00940）及元大台灣高息低波（00713）；受益人數最多的前 5 檔也全都是高息型，2024 年高股息 ETF 就超過 20 檔，可見其熱門程度。

2024 年高股息 ETF 受益於台股表現亮眼，以及存股風潮持續發酵，不僅為投資人帶來穩定的現金流，還能享受到市場上漲的資本利得，因此持續吸引新資金流入。在眾多高息型 ETF 商品

中要如何選擇，老牛認為最基本是必須了解各檔的 DNA，也就是選股邏輯。

　　例如元大高股息（0056），是預測未來一年現金股利殖利率最高的 50 檔，因此持股權重前五的成分股中，涵蓋了兩檔強調配息的金融股；國泰永續高股息（00878）的篩選標準，則是符合 ESG 評鑑下，過去 3 年平均殖利率最高的 30 檔，前五大成分股便都是近年績效大好，帶動股息提升的科技類股。同是高息型 ETF，選股 DNA 大不相同。

臺灣市場已飽和，ETF 的下一步在海外

　　台股 ETF 的發展幾乎已到頂點，海外市場逐漸成為新焦點，2024 年新掛牌的ETF中，就有多檔的指數篩選擴及海外，例如 11 月 14 日成立的中信全球高股息（00963）及中信亞太高股息（00964）。

　　中信全球高股息（00963）是以美國、英國、德國、法國、日本、新加坡等六國的掛牌企業為成分股，而中信亞太高股息（00964）則是聚焦亞太地區六國，包括日本、香港、澳洲、新加坡、韓國及臺灣的掛牌公司。接下來的新 ETF 商品，老牛預測會持續往海外市場拓展，而海外型 ETF 還有一項特點，即是股息收入超過 750 萬元才會課稅，對投資人來說是一大利多。

　　順帶一提，相似選股邏輯的 ETF 每年汰換成分股時，換股的

選擇多半也會雷同，例如 A、B 兩檔 ETF 同樣以近 3 年殖利率排名為篩選標準，那麼被 A 檔 ETF 新納入的公司，多半也會被 B 檔 ETF 選中。由於 ETF 的發行券商必須快速建立新成分股的部位，因此會大量買進，新加入的公司股價即可能出現一波漲勢，投資人可以多觀察留意。

債券 ETF 先領息、後賺價差，最適合退休族

另一項值得關注的是債券 ETF，它同屬於固定領息的商品，在台股市場中也已有超過 90 檔。隨著聯準會展開降息，長天期的投資級債券與美債 ETF 受到投資人熱捧，因為它們在提供穩定收益的同時，還能享受利率下降帶來的債券價格上漲紅利，「先領債息，後賺價差」已是各大債券 ETF 的主打口號。

老牛認為，債券 ETF 在 2025 年同樣會受到熱烈關注，對於保守型投資人或退休族群來說，這類 ETF 無疑是理想的配置選項。建議 2025 年的投資策略，可以將 ETF 作為資產配置的核心工具，並採用「股債雙配置」，一方面以高股息型 ETF 享受穩定分紅，另一方面透過債券 ETF 降低整體投資組合的波動，這樣不僅可以穩健增值，還能有效分散風險。

圖表 3-1　台股 ETF 受益人數排名

排行	名稱	受益人數
1	國泰永續高股息（00878）	1,548,915 人
2	元大高股息（0056）	1,230,853 人
3	群益台灣精選高息（00919）	1,040,185 人
4	復華台灣科技優息（00929）	891,336 人
5	元大台灣價值高息（00940）	864,764 人
6	元大台灣 50（0050）	766,608 人
7	富邦台 50（006208）	585,467 人
8	元大美債 20 年（00679B）	392,817 人
9	元大台灣高息低波（00713）	342,719 人
10	群益 ESG 投等債 20+（00937B）	317,828 人

資料來源：玩股網；資料日期：2024 年 12 月 10 日。

圖表 3-2　台股 ETF 資產規模排名

排行	名稱	資產規模
1	元大台灣 50（0050）	4276.59 億元
2	**國泰永續高股息（00878）**	**3703.05 億元**
3	**元大高股息（0056）**	**3544.57 億元**
4	元大美債 20 年（00679B）	3109.46 億元
5	**群益台灣精選高息（00919）**	**3037.13 億元**
6	國泰 20 年美債（00687B）	2572.88 億元
7	**復華台灣科技優息（00929）**	**2515.7 億元**
8	群益 ESG 投等債 20+（00937B）	2392.36 元
9	元大台灣 50 反 1（00632R）	1898.75 億元
10	富邦台 50（006208）	1798.82 億元

資料來源：玩股網；資料日期：2024 年 12 月 10 日。

第 4 章

5 檔 ETF 解析

1 富邦臺灣中小
（00733）

富邦臺灣中小（00733）成立於 2018 年，是以臺灣中小型企業為成分股的 ETF，追蹤臺灣指數公司中小型 A 級動能 50 指數，該指數每年調整成分股 4 次（1 月、4 月、7 月、10 月），篩選出上市滿 1 年；最近一季稅後淨利為正值；近 3 個月平均成交量達 10,000 交易單位，或平均周轉率達 6％ 的標的。成立時基金規模為 10.96 億元，現已成長至超過 76 億元。

前五大投資產業及占比為電子類股 51％、汽車工業 12.8％、電機機械 8％、化學工業 6.8％ 及航運業 5.4％，2024 年 10 月成分股調整，汰換率高達 92％，50 檔中汰換 46 檔，調整後的前五大成分股為致茂（2360）、東陽（1319）、材料-KY（4763）、裕隆（2201）、慧洋-KY（2637）。

配息週期為半年一次，落在每年 3 月及 9 月，成立至 2024 年底每期皆穩定配發，累計已發放 12.42 元，殖利率浮動較大，最低為 2020 年的 1.59％，最高為 2024 年的 11.1％。

基本資料

代號	00733	股票名稱	富邦臺灣中小
ETF 名稱	富邦臺灣中小 A 級動能 50 ETF 證券投資信託基金		
發行公司	富邦投信	風險等級	RR5
收益分配	半年配（每年 3 月、9 月）		
標的指數	臺灣指數公司中小型 A 級動能 50 指數		
成立日期	2018 年 5 月 4 日		
基金規模	74.9 億元		
保管費（年）	0.035%		
經理費（年）	20 億元（含）以下：0.4% 20 億元（不含）～ 50 億元（含）：0.34% 50 億元（不含）以上：0.3%		
保管銀行	彰化商業銀行		
網址	https://www.fubon.com/asset-management/ph/00733-2024/index.html		

資料來源：富邦投信官網、臺灣證券交易所；資料日期：2024 年 12 月 10 日。

00733 前 10 大成分股

排名	股票名稱 （代碼）	權重	排名	股票名稱 （代碼）	權重
1	致茂 （2360）	21.12%	6	全新 （2455）	4.04%
2	材料 –KY （4763）	7.07%	7	高力 （8996）	3.97%
3	東陽 （1319）	6.57%	8	碩天 （3617）	3.16%
4	裕隆 （2201）	5.14%	9	振華電 （8114）	2.97%
5	慧洋 –KY （2637）	4.96%	10	百和 （9938）	2.92%

資料來源：富邦投信官網；資料日期：2024 年 12 月 10 日。

00733 股價走勢圖

富邦臺灣中小（00733）2024 年 4 月中旬來到當年高點，之後兩次下滑至 55 元附近。

資料來源：TradingView。

📊 00733 現金殖利率表現

除息年月	現金股利	現金殖利率
2019 年 4 月	0.4 元	2.24%
2019 年 10 月	0.56 元	3.14%
2019 年合計	0.96 元	5.38%
2020 年 10 月	0.358 元	1.59%
2021 年 10 月	2.09 元	5.3%
2022 年 4 月	0.238 元	0.67%
2022 年 10 月	0.984 元	2.76%
2022 年合計	1.222 元	3.43%
2023 年 4 月	0.114 元	0.24%
2023 年 10 月	1.2 元	2.52%
2023 年合計	1.314 元	2.76%
2024 年 4 月	5.153 元	8.86%
2024 年 10 月	1.321 元	2.27%
2024 年合計	6.474 元	11.1%

資料來源：富邦投信官網、台灣股市資訊網。

00733 基金績效

期間	基金報酬率	期間	基金報酬率
投資 3 個月	–3.66%	投資 6 個月	–6.75%
投資 1 年	6.32%	投資 2 年	72.04%
投資 3 年	54.15%	投資 5 年	254.76%
2024 年以來	3.73%	成立以來	258.41%

資料來源：富邦投信官網；資料日期：2024 年 11 月 30 日。

 ## 老牛簡評

　　00733 專注於臺灣中小型企業，就像投資市場中的「潛力新星挖掘機」；它的持股也時常是飆股，老牛也會參考它的持股，來調整自己的私藏股。這些中小型企業往往具備靈活性和創新能力，能在競爭激烈的市場中快速成長。

　　這檔 ETF 的優勢在於其分散投資風險的特性，即使單一企業遭遇挑戰，也不會對整體組合造成過大影響。更重要的是，中小型企業通常具有較高的成長性，適合偏好較高報酬潛力的投資人。若想抓住臺灣產業升級趨勢，00733 是不可忽視的選擇。

國泰永續高股息
（00878）

國泰永續高股息（00878）於 2020 年成立，是台股中基金規模第二大的 ETF，僅次於元大台灣 50（0050）；另外也是受益人數最多的一檔台股 ETF，截至 2024 年 11 月 13 日統計，受益人數達到 146.59 萬人。

追蹤 MSCI 臺灣 ESG 永續高股息精選 30 指數，MSCI 明晟資訊舊名為「摩根史坦利資本國際」，是指數領導品牌，全球有近五成 ESG（環境、社會、公司治理）永續主題的 ETF 追蹤其相關指數。

成分股均衡配置在電子、金融及傳產業，電子類股以 AI 及半導體為主攻，整體篩選標準為 MSCI ESG 評等 BB 級以上、MSCI ESG 爭議分數 3 分以上、年度每股盈餘為正值、市值大於 7 億美元的企業。每年 5 月及 11 月調整成分股，2024 年 11 月調整後的前五大企業為聯詠（3034）、聯發科（2454）、華碩（2357）、聯電（2303）、瑞昱（2379）。

成立至今皆為季配息，每年 2 月、5 月、8 月、11 月除息，累計已發放 4.91 元，2022～2024 年殖利率皆在 6% 以上。

📊 基本資料

代號	00878	股票名稱	國泰永續高股息
ETF 名稱	國泰台灣 ESG 永續高股息 ETF 基金		
發行公司	國泰投信	風險等級	RR4
收益分配	季配（每年 2 月、5 月、8 月、11 月）		
標的指數	MSCI 臺灣 ESG 永續高股息精選 30 指數		
成立日期	2020 年 7 月 10 日		
基金規模	3,727 億元		
保管費（年）	0.03%		
經理費（年）	50 億元（含）以下：0.30% 50 億元（不含）以上：0.25%		
保管銀行	台新國際商業銀行		
網址	https://www.cathaysite.com.tw/proj/202201dividends/etf/product?etf=00878		

資料來源：國泰投信官網、臺灣證券交易所；資料日期：2024 年 12 月 10 日。

00878 前 10 大成分股

排名	股票名稱（代碼）	權重	排名	股票名稱（代碼）	權重
1	聯詠（3034）	5.63%	6	仁寶（2324）	3.69%
2	聯發科（2454）	4.93%	7	日月光投控（3711）	3.68%
3	華碩（2357）	4.64%	8	光寶科（2301）	3.33%
4	聯電（2303）	3.79%	9	緯創（3231）	3.27%
5	瑞昱（2.379）	3.76%	10	中信金（2891）	3.25%

資料來源：國泰投信官網；資料日期：2024 年 12 月 10 日。

00878 股價走勢圖

國泰永續高股息（00878）2024 年 8 月除息後，花費 30 天完成填息。

資料來源：TradingView。

00878 現金殖利率表現

除息年月	現金股利	現金殖利率
2021 年 2 月	0.15 元	0.83%
2021 年 5 月	0.25 元	1.38%
2021 年 8 月	0.3 元	1.66%
2021 年 11 月	0.28 元	1.55%
2021 年合計	0.98 元	5.41%
2022 年 2 月	0.3 元	1.72%
2022 年 5 月	0.32 元	1.83%
2022 年 8 月	0.28 元	1.6%
2022 年 11 月	0.28 元	1.6%
2022 年合計	1.18 元	6.75%
2023 年 2 月	0.27 元	1.4%
2023 年 5 月	0.27 元	1.4%
2023 年 8 月	0.35 元	1.82%
2023 年 11 月	0.35 元	1.82%
2023 年合計	1.24 元	6.44%
2024 年 2 月	0.4 元	1.76%
2024 年 5 月	0.51 元	2.25%
2024 年 8 月	0.55 元	2.43%
2024 年 11 月	0.55 元	2.43%
2024 年合計	2.01 元	8.88%

資料來源：國泰投信官網、台灣股市資訊網。

00878 基金績效

期間	基金報酬率	期間	基金報酬率
投資 3 個月	1.83%	投資 6 個月	7.47%
投資 1 年	27.02%	投資 2 年	67.78%
投資 3 年	53.82%	投資 5 年	—
2024 年以來	10.63%	成立以來	95.54%

資料來源：國泰投信官網；資料日期：2024 年 10 月。

 老牛簡評

　　00878 是為追求穩定現金流的投資人量身打造的「配息機器」，投資標的是臺灣市值較大的高股息公司，並且強調永續經營的企業價值，且成分股均衡分布在科技、金融、傳產，有利於分散產業風險。簡單來說，00878 就像是市場上的「現金流提款機」，每年都能穩定的為投資人帶來分紅。

　　對於追求長期穩定收入的投資人，00878 是一個值得納入投資組合的優質工具。老牛建議，特別是退休族或希望獲得穩定現金流的小資族，可以透過這檔 ETF 享受存股的樂趣，還能在高息與永續經營中找到完美平衡。目前 **00878 的受益人數高達 153 萬人，可稱為是國民 ETF**。

3 凱基優選高股息 30
（00915）

　　凱基優選高股息 30（00915）於 2022 年成立，追蹤臺灣多因子優選高股息 30 指數，該指數成分股為臺灣上市櫃市值前 300 大企業，由電子、金融及傳產類股組成，於每年 6 月及 12 月調整個股名單。2024 年 6 月調整後的前五大成分股為國泰金（2882）、統一（1216）、兆豐金（2886）、中信金（2891）、瑞儀（6176）。

　　以成立時淨值 15 元來看，2024 年價位多半維持在 26～27 元之間，漲幅約 7 成。截至 2024 年 11 月統計，基金規模為 338.75 億元，績效表現為 28.89%，自成立以來結算為 109.6%。

　　配息方面，於每年 2 月、5 月、8 月、11 月評價收益，1 月、4 月、7 月、10 月發放，2023 年合計發出 1.69 元，殖利率 8.94%，2024 年累計已發出 3.01 元，年化配息率達近 12%，是高股息類型 ETF 中，表現極為優異的一檔。

📊 基本資料

代號	00915	股票名稱	凱基優選高股息 30
ETF 名稱	凱基台灣優選高股息 30 ETF 基金		
發行公司	凱基投信	風險等級	RR4
收益分配	季配（每年 2 月、5 月、8 月、11 月）		
標的指數	臺灣指數公司特選臺灣上市上櫃多因子優選高股息 30 指數		
成立日期	2022 年 8 月 1 日		
基金規模	385.58 億元		
保管費（年）	0.035%		
經理費（年）	50 億元（含）以下：0.30% 50 億元（不含）以上：0.25%		
保管銀行	彰化銀行		
網址	https://www.kgifund.com.tw/Fund/Detail?fundID=J015		

資料來源：凱基投信官網、臺灣證券交易所；資料日期：2024 年 12 月 10 日。

00915 前 10 大成分股

排名	股票名稱 （代碼）	權重	排名	股票名稱 （代碼）	權重
1	國泰金 （2882）	9.93%	6	中租–KY （5871）	6.49%
2	中信金 （2891）	8.74%	7	聯電 （2303）	6.41%
3	統一 （1216）	8.66%	8	台灣大 （3045）	6.37%
4	兆豐金 （2886）	8.55%	9	聯詠 （3034）	4.53%
5	瑞儀 （6176）	7.32%	10	潤泰全 （2915）	4.48%

資料來源：凱基投信官網；資料日期：2024 年 12 月 10 日。

 00915 股價走勢圖

凱基優選高股息 30（00915）價位波動不大，長期穩定在 26～27 元之間。

資料來源：TradingView。

00915 現金殖利率表現

除息年月	現金股利	現金殖利率
2023 年 3 月	0.22 元	1.16%
2023 年 6 月	0.32 元	1.69%
2023 年 9 月	0.7 元	3.7%
2023 年 12 月	0.45 元	2.38%
2023 年合計	1.69 元	8.94%
2024 年 3 月	0.72 元	2.8%
2024 年 6 月	0.72 元	2.8%
2024 年 9 月	0.82 元	3.18%
2024 年 12 月	0.75 元	2.92%
2024 年合計	3.01 元	11.7%

資料來源：凱基投信官網、台灣股市資訊網、《經濟日報》。

00915 基金績效

期間	基金報酬率	期間	基金報酬率
投資 3 個月	−3.49%	投資 6 個月	1.95%
投資 1 年	29.83%	投資 2 年	95.30%
投資 3 年	—	投資 5 年	—
2024 年以來	23.94%	成立以來	101.55%

資料來源：凱基投信官網；資料日期：2024 年 11 月 30 日。

 ### 老牛簡評

2024 年台積電股價創新高，使得市值型 ETF 一路向北，報酬率較高息 ETF 亮眼。但是 00915 是匹黑馬，是 2024 年高股息 ETF 中績效最強的一檔，表現不輸給市值型 ETF。

在精選上市櫃前 300 大的優質股中，主打「低波動」及「優股息」兩大特色，在不少高息 ETF 配息都縮水的同時，凱基優選高股息 30 的配息曲線不僅穩定漂亮，還逆勢成長。

老牛曾教過大家如何估算高息 ETF 的合理買點，才不會買貴了而怨嘆，對於配息愛好者來說，當股價低於便宜價時，考慮入手這檔 ETF 是不錯的選擇。

國泰台灣領袖 50
（00922）

4

　　國泰台灣領袖 50（00922）為市值型 ETF，於 2023 年 3 月成立，追蹤 MSCI 台灣領袖 50 精選指數，此指數聚焦 50 檔龍頭個股，並納入 MSCI 低碳轉型分數考量，能掌握半導體及 AI 概念股的長期成長趨勢，2022～2024 年的累積報酬率及股東權益報酬率，皆優於台股大盤加權指數。

　　MSCI 台灣領袖 50 精選指數於每年 5 月及 11 月調整成分股，前五大企業包括台積電（2330）、鴻海（2317）、聯發科（2454）、台達電（2308）及廣達（2382）；前五大資產占比則分別為半導體類股 44.98％、金融保險類股 15.03％、電腦及周邊設備類股 11.62％、其他電子類股 7.23％、電子零組件類股 4.77％。

　　成立以來的累計報酬率為 57.78％，配息頻率為每年 2 次，分別在 3 月及 10 月除息，成立至今已配息 3 次，2023 年發放 0.57 元，殖利率 3.6％；**2024 年合計發放 1.38 元，殖利率為 6.9％，與 2023 年相比增加幾乎一倍。**

基本資料

代號	00922	股票名稱	國泰台灣領袖 50
ETF 名稱	國泰台灣領袖 50 ETF 基金		
發行公司	國泰投信	風險等級	RR4
收益分配	半年配（每年 2 月、9 月）		
標的指數	MSCI 台灣領袖 50 精選指數		
成立日期	2023 年 3 月 16 日		
基金規模	198.75 億元		
保管費（年）	0.035%		
經理費（年）	50 億元（含）以下：0.25% 50 億元（不含）以上：0.2%		
保管銀行	中國信託商業銀行		
網址	https://www.cathaysite.com.tw/proj/202201dividends/etf/product?etf=00922		

資料來源：國泰投信官網、臺灣證券交易所；資料日期：2024 年 12 月 10 日。

00922 前 10 大成分股

排名	股票名稱（代碼）	權重
1	台積電（2330）	30.28%
2	鴻海（2317）	6.26%
3	聯發科（2454）	5.7%
4	台達電（2308）	3.07%
5	廣達（2382）	2.58%
6	富邦金（2881）	2.42%
7	國泰金（2882）	2.2%
8	中信金（2891）	2.16%
9	日月光投控（2711）	1.72%
10	智邦（2345）	1.62%

資料來源：國泰投信官網；資料日期：2024 年 12 月 10 日。

00922 現金殖利率表現

除息年月	現金股利	現金殖利率
2023 年	0.57 元	3.6%
2024 年 3 月	0.38 元	1.9%
2024 年 10 月	1 元	5%
2024 年合計	1.38 元	6.9%

資料來源：國泰投信官網、台灣股市資訊網。

00922 股價走勢圖

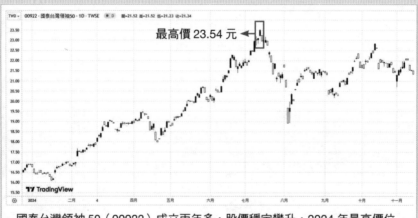

國泰台灣領袖 50（00922）成立兩年多，股價穩定攀升，2024 年最高價位落在 7 月 11 日。

資料來源：TradingView。

00922 基金績效

期間	基金報酬率	期間	基金報酬率
投資 3 個月	5.1%	投資 6 個月	18.34%
投資 1 年	52.17%	投資 2 年	—
投資 3 年	—	投資 5 年	—
2024 年以來	57.78%	成立以來	34.59%

資料來源：國泰投信官網；資料日期：2024 年 10 月。

 老牛簡評

　　00922 鎖定具有市值代表性，且流動性佳、獲利穩定之 50 檔領袖級台股企業，這些公司在國際市場上具備高度競爭力，無論是全球供應鏈的變化，還是科技潮流的興起，它們始終站在風口上，因此這檔 ETF 兼具大市值與長期發展趨勢，可作為投資人長線參與台灣資本市場成長之重要指標。

　　對於長期投資來說，00922 不僅是分享臺灣經濟成長紅利的理想工具，更是投資組合的核心穩定力量，老牛建議，看好臺灣產業升級的投資人，可以透過這檔 ETF，參與臺灣經濟的「領袖之舞」。

5 復華 S&P 500 成長
（00924）

　　復華 S&P 500 成長（00924）於 2023 年 4 月成立，是一檔投資美股市場的 ETF，追蹤標普 500 成長指數。

　　標普 500 成長指數早在 1992 年即已成立，是從標普 500 指數中，依營收增長、獲利變化與股價動能三項指標，再篩選出 233 檔具成長性的個股，可說是標普 500 指數 2.0。每年 12 月調整成分股名單，2024 年前五大企業為輝達、蘋果、微軟、亞馬遜、Meta（臉書母公司），前五大投資產業及占比分別為資訊科技 49.7%、非必需消費品 13.7%、通訊服務 12.6%、健康照護 6.5% 及工業類股 6.1%。

　　與現今主流 ETF 強調配息頻率及殖利率不同的是，復華 S&P 500 成長完全不配發股利，以價差取勝，成立一年多以來，價格漲幅超過 6 成，累積報酬率為 57.47%，截至 2024 年 10 月 31 日的累積報酬率為 35.05%，表現確實優異。

基本資料

代號	00924	股票名稱	復華 S&P 500 成長
ETF 名稱	復華美國標普 500 成長 ETF 基金		
發行公司	復華投信	風險等級	RR4
收益分配	不分配		
標的指數	標普 500 成長指數		
成立日期	2023 年 4 月 12 日		
基金規模	40.74 億元		
保管費（年）	30 億元（含）以下：0.15% 30 億元（不含）～ 50 億元（含）：0.13% 50 億元（不含）～ 200 億元（含）：0.11% 200 億元（不含）以上：0.08%		
經理費（年）	50 億元（含）以下：0.45% 50 億元（不含）～ 200 億元（含）：0.40% 200 億元（不含）以上：0.35%		
保管銀行	台北富邦商業銀行		
網址	https://www.fhtrust.com.tw/Event/EC/2023_00924/index.html		

資料來源：復華投信官網、臺灣證券交易所；資料日期：2024 年 12 月 10 日。

00924 前 10 大成分股

排名	股票名稱 （代碼）	權重	排名	股票名稱 （代碼）	權重
1	蘋果 （AAPL）	11.479%	6	特斯拉 （TSLA）	3.996%
2	輝達 （NVDA）	10.1%	7	字母控股 （Alphabet）A 股 （GOOGL）	3.39%
3	微軟 （MSFT）	10.008%	8	字母控股 （Alphabet）C 股 （GOOG）	3.255%
4	亞馬遜 （AMZN）	7.38%	9	博通 （AVGO）	2.499%
5	Meta （META）	4.227%	10	禮來 （LLY）	2.375%

資料來源：復華投信官網；資料日期：2024 年 12 月 10 日。

00924 股價走勢圖

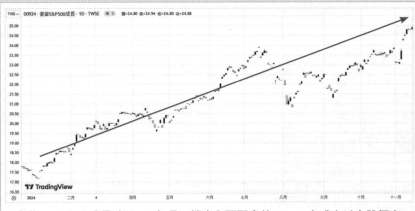

復華 S&P 500 成長（00924）是一檔完全不配息的 ETF，自成立以來股價表現確實優異。

資料來源：TradingView。

00924 基金績效

期間	基金報酬率	期間	基金報酬率
投資 3 個月	4.42%	投資 6 個月	17.86%
投資 1 年	43.67%	投資 2 年	—
投資 3 年	—	投資 5 年	—
2024 年以來	35.05%	成立以來	57.47%

資料來源：凱基投信官網；資料日期：2024 年 10 月 31 日。

老牛簡評

　　老牛自己沒有直接持有美股，而是透過海外型 ETF 來參與美股行情，一次囊括蘋果、輝達、特斯拉等美股中最具成長力的公司，同樣可以吃到科技股的紅利豆腐。

　　00924 從標普 500 指數成分股中，挑選出「成長性較佳」的兩百多檔股票，就是想要比標普 500 再會賺一點。前 10 大持股幾乎都是科技股，並且資訊科技類股比重拉升至 5 成以上，基本上就是 AI 和科技趨勢的風向球。許多人在意「00924 不配息」，但老牛認為，**如果不急著每年收股息，且希望搭上 AI 趨勢，這檔 ETF 是個好選擇**。

第 5 章

讀者最想問老牛

Q1：該進場還是按兵不動？怎麼判斷多頭或空頭？

作為一名價值投資者，老牛最重視的還是公司基本面，也就是這家餐廳的廚師有沒有本事、食材夠不夠好。如果用的是米其林等級的廚師和頂級食材（優質公司），長期來說不怕沒人光顧，但也得看廚房火候是不是剛剛好（市場趨勢）。

近年股市的趨勢性很強，多頭就像顧客搶著上門點餐，空頭則像大家只吃了一半就開始退單。以 60 日線說明：

大盤站上季線即是多頭

當大盤指數穩穩的站在季線之上，表示多數投資者近期都有賺到錢，信心高漲，市場氣氛熱烈，就像顧客吃得開心、準備再掏腰包多點一些菜，季線也就成為重要的「支撐線」（見右頁圖表 5-1）。再加上近年股市的趨勢性強，在多頭時進場的勝率更高，也就是大家戲稱的「站在風口上，豬都會飛」。

大盤跌破季線即是空襲警報

相反的，當大盤指數跌破季線，表示近期進場的投資者大多虧損，解套賣壓增大，導致市場進一步下跌，就像顧客抱怨廚師手忙腳亂、菜品有問題，這時響起空襲警報，季線便轉為「壓力線」（見右頁圖表 5-2），選擇按兵不動或降低持股，可能是更安全的策略。不過依過往的觀察，空頭延續大約半年到一年就會

開始出現底部及不少「甜甜價」的股票，是價值型投資者撿便宜的好機會。

圖表 5-1　大盤站上季線即是多頭

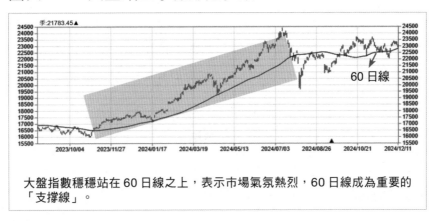

大盤指數穩穩站在 60 日線之上，表示市場氣氛熱烈，60 日線成為重要的「支撐線」。

資料來源：TradingView。

圖表 5-2　大盤跌破季線即是空襲警報

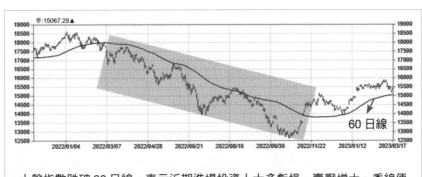

大盤指數跌破 60 日線，表示近期進場投資人大多虧損，賣壓增大，季線便轉為「壓力線」，此時按兵不動或降低持股較安全。

資料來源：TradingView。

Q2：怎麼檢視媒體新聞的真假？

老牛曾在書中分享過，剛開始進入股市還是投資小白時，選擇了最簡單（卻最危險）的研究股票方式──看新聞做股票。台股目前有近 1,800 檔，並可分類成多達 30 種以上的產業族群，像是航運、鋼鐵、半導體、金控、紡織、化工等，每天幾乎有超過 50 檔以上的個股新聞。如果深入研究新聞中的每一檔明牌，那只會耗盡你的心力，更無所適從。所以最好的做法是先過濾出「好公司」，再決定現在是不是「好價格」。

現在進入股市已超過十年，目前老牛每天一早仍然會看最新的財經新聞，但也已經學會一套檢視報導真假的方法。就像在市場買水果，賣相好的不一定甜，還可能打過蠟，必須有一套「檢驗技巧」，才能避免吃到假消息帶來的「投資苦果」。以下就用三個檢驗技巧，幫你輕鬆辨別真假新聞。

消息來源

來自知名媒體、官方數據或權威機構（例如政府財經報告或上市公司公告）的消息比較可靠，這些就像有商標的果農，新聞報導通常品質穩定。反之，如果是 LINE 群組轉發的八卦消息，或是沒有明確來源的文章，就要當心可能是亂編的假故事、假消息居多。

檢查細節

　　假新聞常常帶有過於誇大的標題和模糊的細節，像是以下這些常見陷阱：用詞過於絕對，像是「史無前例」、「股市即將崩盤」等誇張語氣，明顯是在吸引點擊率；新聞裡只有形容詞，卻找不到實際的數據或證據，例如「據傳○○科技公司成長狂增30％」，就要懷疑它的真實性，會不會是記者的自由發揮，務必進一步查證。有時候只要多看一下原始報告，就能發現被扭曲的真相。

交叉驗證

　　當看到一個重要的消息時，不要急著採信，記得到其他媒體和消息來源交叉驗證。老牛就經常看到同一個事件，卻出現各家媒體各自解讀的情況。像是在公司財報公布後，A 媒體發出「警訊」，而 B 媒體卻說是「利多」，讓投資人搞不清楚真實為何，到底該買進還是賣出，而不知所措。

　　老牛認為，在股市中具備「獨立思考」的能力非常重要，檢驗新聞真假其實就是在訓練思考力，時間一久，敏銳度會越來越高，像經驗老到的果農，能夠選到又大又甜的好水果，讓投資之路更穩健。

Q3：投資股票前，要有什麼心理準備？

投資股票前該做好的心理準備是什麼？老牛會說就像參加馬拉松比賽，你需要的不僅是體力，還有堅定的意志、清晰的目標，以及應對突發情況的能力。讓老牛帶領走一趟「投資心態馬拉松」，協助你在股市這條路上跑得又穩又遠！

設定目標：知道為什麼前進

在開始投資之前，請先問自己一個問題：「我為什麼要投資？」如果想靠股票實現財富自由，那就像一場長達數十年的馬拉松，需要耐心與紀律。

老牛還是得說，投資沒有「一招致勝」的捷徑，如果不清楚自己的目標，一會兒跟著這個人跑，一會兒又追隨另一個人的步伐，最後終會迷失方向。

接受波動：別害怕股市震盪

股市的波動就像跑步時會經過山路，時而上坡，時而下坡。因此，大跌時不要懷疑人生，大漲時也不要以為自己是萬中無一的股市奇才。老牛剛進股市時買進的股票，曾有過第一週漲了 10% 就開心得賣光光，也有過買進後連續下跌 15%，忍不住懷疑自己的投資方式。這些短期波動就像馬拉松中的小坡起伏，真正重要的，是你能不能堅持到終點。

做好功課：投資前必備

　　許多人因為一則新聞或朋友推薦，就盲目進場投資，不知道為何而買，也不知道何時該賣。結果像沒熱身就開始跑，最後肌肉拉傷。所以老牛會建議多做功課，了解公司的基本面、獲利狀況，甚至是產業趨勢再進場，若是投資 ETF，也必須了解追蹤的指數、成分股、績效表現等基本資料。否則就像穿著一雙不合腳的鞋跑馬拉松，剛開始不覺得不舒服，結果跑到一半就起水泡。

抗壓心理：耐心持續堅持

　　股市中有很多不可控的外部因素，比如經濟衰退、國際局勢變動，甚至是突如其來的疫情。這些就像比賽途中遇到暴雨或烈日。真正的高手，是那些能適應環境、靈活應對的人。

　　以 2022 年的俄烏戰爭為例，當時股市從 18,000 點的股市高點開始墜落，進入空頭市場，許多投資人因恐慌賣出股票。但堅守基本面的人，會在眾人恐慌時保持冷靜，反而在相對低點時撿到不少便宜貨，待市場復甦、股市再創新高時，獲得豐厚回報。

　　雖然老牛將投資譬喻成馬拉松，但實際上會碰到的變數複雜得多，但只要有清晰的目標、穩健的心態、充分的準備，就不會害怕波動怕，外界的聲音也無法動搖你。要記住：每一步都是為了跑向更好的自己，而不是為了跟別人比速度。保持步伐穩健，才能跑得更遠。

Q4：第一次買股，我該買什麼？

第一次買股票，就像第一次去餐廳點菜，你會希望點一道安全不踩雷的經典菜，而不是直接挑戰最辣的菜色，對吧？

回想十年前第一次買股票，老牛選的是當時熱門股鴻海（2317），它是最火紅的蘋果概念股，我在90元左右買進，雖然現在已經漲到200元以上，但老牛並不會感到後悔。因為這段旅程，我學到了什麼才是真正適合自己的投資策略，也找到了可以「安心抱緊」的股票。所以，如果你是投資新手，以下是老牛的兩大建議，協助你挑選出合適的第一檔股票。

獲利穩定的龍頭股

第一次買股票，建議從穩定的大公司入手，不僅業務營收穩定，財務也非常健康，遇到風暴也撐得住，而且他們的股價波動小，不會讓你一上車就體驗「雲霄飛車」的刺激走勢，金融、食品、電信等，這些日常生活不可或缺的行業龍頭股都可選擇，例如兆豐金（2886）、中華電（2412）都是屬於這類型的公司。

定期定額買ETF

如果還不確定該選哪檔個股，那麼 ETF 就是最佳夥伴。一檔 ETF 中包含多檔個股，避免單一公司表現不好造成損失慘重，且無須深入研究個股細節，只需挑選主流的 ETF 即可，例如國泰永

續高股息（00878）、元大台灣50（0050）。

　　如果還是不知道怎麼選，老牛還有一個小撇步分享給大家，就是到證交所網站查詢「定期定額交易戶數統計排行」（網址：https://www.twse.com.tw/zh/products/broker/month-rank.html），投資人定期定額買進的標的，通常是他們經過長期考量後的選擇，代表其穩健性較高，也非常適合投資新手參考。

　　第一次買股票，不必急著追逐熱門標的，從穩定的龍頭股、或定期定額 ETF 開始，都是很好的選擇，只要記住，無論是買進股票或 ETF，都必須認識標的的內容。

圖表 5-3　2024 年 10 月定期定額交易戶數統計排行

排名	個股		ETF	
	名稱	交易戶數	名稱	交易戶數
1	台積電（2330）	88,970	國泰永續高股息（00878）	300,061
2	兆豐金（2886）	32,236	元大高股息（0056）	269,204
3	玉山金（2884）	29,925	元大台灣 50（0050）	265,552
4	第一金（2892）	16,685	富邦台 50（006208）	231,652
5	鴻海（2317）	16,565	群益台灣精選高息（00919）	126,440
6	合庫金（5880）	16,438	元大台灣高息低波（00713）	103,214
7	中信金（2891）	15,705	復華台灣科技優息（00929）	78,898
8	中華電（2412）	14,984	富邦公司治理（00692）	36,067
9	富邦金（2881）	12,625	國泰台灣 5G+（00881）	32,463
10	台新金（2887）	11,873	元大臺灣 ESG 永續（00850）	26,808

資料來源：臺灣證券交易所。

Q5：存股，怎麼算殖利率？多少算高、多少算低？

殖利率的公式很簡單：

殖利率＝（每股股利÷股價）×100%

假設某公司股價是 50 元，去年配發每股 2.5 元股利，殖利率就是 5%：

（2.5÷50）×100%＝5%

意思是你每花 50 元買一股，每年可以拿到 5% 的回報。

由於大盤連續兩年上漲，造成整體殖利率下滑，從證交所的資料可以得知，目前大盤殖利率僅為 3.7%，所以老牛也將殖利率分成幾個區間提供大家參考：

3%以下：這類股票的殖利率偏低，可能是因為公司成長性較高，把大部分盈餘用於擴展業務，而非回饋股東，適合追求資本成長的人，但不太適合拿來存股。

4%～6%：這是存股的黃金區間，既能享受穩定的現金流，又無須背後有隱憂，食品股及金融股大多落在這個範圍。

7%以上：如果殖利率過高，可能是因為公司股價暴跌（分母變小），背後可能隱藏經營問題，所以看到「9% 殖利率」的個股時，別像看到吃到飽的牛排海鮮搶著入手，務必先冷靜研究

公司基本面，確認它的現金流是否健康，再決定是否買進。

另外，對於要拿來存的個股，老牛也有三步驟檢視法：

1. 查詢股利發放紀錄：看公司過去 5～10 年的股利發放是否穩定，像是中華電信 （2412） 和兆豐金 （2886），過去多年配息穩定，就是存股族的最愛。

2. 檢查現金流和獲利：殖利率再高，也要有穩定的現金流和獲利支撐，否則可能只是「虛有其表」。

3. 關注股價趨勢：股價上漲會讓殖利率偏低，但股價過低，也可能代表市場對該公司信心不足，應選擇股價走勢穩健的公司，才能安心存股。

由於市場風行高股息 ETF，老牛在此也一併說明。高股息 ETF 是存股族的「投資甜點拼盤」，能分散風險、穩定現金流，並且具備波動小的優勢。投資人不僅是要觀察其殖利率，並且要參考股利配發穩定性，還有目前 ETF 淨值當中，還有多少錢可以配發股利。

雖然普遍認為存股要看殖利率高不高，但也別被搞混了，存股的關鍵不僅在於殖利率高低，還要看公司的穩定性和持續配息的能力。殖利率超高的股票可能是「糖衣炸彈」，吃下去會傷身；穩定的殖利率，才能讓投資甜而不膩，越吃越有味道。

Q6：政府強力打房，營建股還能買嗎？

這個問題就像在問：「寒流來了還能吃冰淇淋嗎？」當然可以！只要選對口味，再把自己包緊，冰淇淋依然美味。

老牛認為營建股的特性和價值，並不會因為政策打房就完全消失，出現的短期利空反而讓我們有機會撿到便宜的營建股。

很多人一聽到打房，就對營建股敬而遠之，其實這是一個錯誤認知，因為營建股的價值並不全靠房市投機，反而和以下幾個因素更密切相關：

1. 土地價值：許多營建公司擁有大量土地資產，而由於法規限制趨嚴，能開發的土地越來越少，因此土地價格長期看升，即便短期房市有壓力，土地仍是核心價值所在。

2. 開發進度：營建公司會根據市場需求，無論是都市更新或推出年度建案，都會合理的分配資金流，以降低投資風險。

3. 建案銷售：雖說房價逐年攀升，加上新青安貸款因素，使得 2024 年房市特別熱絡，不過多數營建公司的獲利都是源於自家售出的建案，應忌諱的是藉炒作題材拉高房價的不良建商。

雖然打房政策會壓抑短期房市投機，但對營建股來說並非全然負面，2024 年的營建股就未受影響，反而漲勢凶猛，像是老牛喜歡的華固（2548）股價從 94 元最高來到 192 元；冠德（2520）

股價從 37 元最高來到 68.6 元，都寫下近年新高紀錄。

　　所以，打房不等於打倒營建股，優質的營建公司擁有強大的土地資產，和穩健的財務結構，政策風向可能改變市場的節奏，但好公司永遠能找到自己的生存之道，選對營建股就像買了一戶好地段的房子，時間是它升值的好朋友。

圖表 5-4　冠德（2520）及華固（2548）股價走勢圖

打房政策對營建股未產生明顯影響，冠德（2520）股價即從 2024 年 3 月一路漲至年中，最高價來到 68.6 元；華固（2548）亦有超過一倍的漲幅。

資料來源：台灣股市資訊網。

Q7：怎麼知道地雷股的警訊？

地雷股就像投資路上的「陷阱」，表面看起來美味，咬下去才發現裡面暗藏毒藥。要避免踩到雷，就需要像地雷探測員一樣，帶著工具、保持警覺，從蛛絲馬跡中發現問題，以下是識別地雷股的三大警訊：

1. 財務數據不正常：一家公司財務健康與否，是判斷地雷股的第一步。如果營收持續下降，或是獲利由正轉負，就可能是金玉其外、敗絮其內，即使這時公司喊著未來營運展望佳的甜美大餅，都不能輕易相信，務必謹慎查證。

2. 現金週轉不靈：現金流是公司運作的生命線，當現金流出現問題時，就像蛋糕裡的奶油發酸，是高危險信號，可以從發不出來員工薪資、開立的支票跳票等事件察覺端倪。

3. 高層異動：經營管理階層是帶領公司走向成功的關鍵，如果執行長或財務長頻繁異動，可能公司內部已出現問題；更糟的是若高層涉入法律問題，更可能直接影響公司信譽和股價。

4. 市場消息異常：判斷媒體新聞正確性的方法，同樣也能用在辨識地雷股上，如果一家公司突然被媒體捧成「明星股」，但業務並無實質改善，便可能暗藏危機。另外，當高層在市場上大量拋售自家股票時，老牛也會特別注意，出現這種連自家公司都不挺的作為，就要懷疑公司前景可能堪憂。

Q8：某檔股票即將實施庫藏股，跟著大戶買準沒錯？

　　老牛曾在《股海老牛最新抱緊名單，贏過大盤 20%》書中分享過庫藏股的由來。所謂庫藏股，是指企業從股市中買回自家股票，這麼做的多半是為了轉讓股票給員工、股權轉換，或是維護股東權益等用途。由於庫藏股其實就像是企業的私房錢，當宣布執行庫藏股，代表公司勇於宣示三件事情：

　　1. 公司手頭資金充裕。

　　2. 看好公司未來發展。

　　3. 現在股價是被低估。

　　京城銀（2809）分別在 2020 年 3 月及 2022 年 7 月時，都有執行庫藏股買回，2020 年執行完成後，股價即從 25.25 元攀升至 39.6 元，2022 年買回庫藏股後，股價也小幅從 31.9 元拉升至 36.8 元，確實達到止跌作用。所以老牛認為，庫藏股的確能夠在短期間內有效激勵股價，是一個重要的短期止跌訊號。

　　以過去經驗來看，由庫藏股產生的止跌效果，大多反映在「相對底部」，從中長期來看，能發揮多大的止跌效果，關鍵還是在於公司能否提升獲利，成為股價的強力支撐，因此庫藏股並非萬靈丹。

　　另一個關鍵就是庫藏股的「執行率」，像是台積電在 2024 年 6 月 17 日宣布執行庫藏股，實際買回期間為 6 月 14 日至 6 月 28 日，總共買回 3,249 張股票，總金額為 30 億 8,917 萬 6,471 元，

平均每股買回價格為 950.81 元，而台積電後續股價也衝上千元大關。如果一家公司在宣布庫藏股後，後續卻沒有真的執行，或是執行率低於 5 成，可以判斷是否為「口水護盤」，只想吸引投資人進場拉抬罷了。

　　庫藏股消息聽起來很誘人，但就像百貨的優惠活動一樣，得仔細看商品的真實品質（基本面），和優惠背後的意圖（公司財務狀況）。跟著大戶買股票並非全然錯誤，但要記住：不要迷信新聞或大戶的每一步，要用自己的眼光看清楚，才能避免成為投資市場裡的「韭菜」。

圖表 5-5　京城銀（2809）執行庫藏股後股價走勢圖

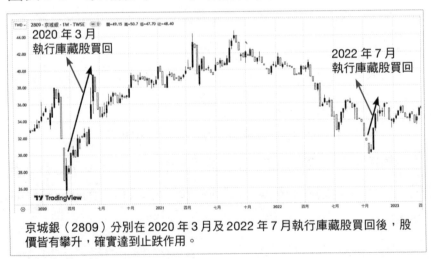

京城銀（2809）分別在 2020 年 3 月及 2022 年 7 月執行庫藏股買回後，股價皆有攀升，確實達到止跌作用。

資料來源：TradingView。

Q9：老牛也看技術分析嗎？看哪些指標？

　　老牛雖然是價值投資者，主要關注基本面，但有時也會參考技術分析。技術分析就像股市的「天氣預報」，能幫助你了解市場風向，但不能百分之百保證下一秒是晴天還是暴雨。

　　技術分析中的均線，是個簡單又實用的工具，可說是我的「投資晴雨表」。均線的全名是移動平均線，用來呈現股價在一段時間內的平均值，幫助我們看出價格的趨勢。不同的均線代表不同的觀察周期：

　　短期均線：有 5 日線（亦稱週線）、10 日線（亦稱半月線），適合觀察最近的市場情緒，反應快但較敏感。

　　中期均線：有 20 日線（亦稱月線）、60 日線（亦稱季線），代表股市在一個月至一季內的趨勢。

　　長期均線：有 120 日線（亦稱半年線）、240 日線（亦稱年線），代表股價的長期走勢，就像股市的「年均溫」。

　　老牛最常用的短期均線為 20 日線，中期均線則是 60 日線，便可以看出目前的市場趨勢為何。

　　均線的重要性，在於它能幫助我們判斷市場目前處於多頭（上升），還是空頭（下降）趨勢。股價穩穩的站在均線之上，代表市場信心強，多方占上風，這時就像晴空萬里，可以考慮進場或加碼。當股價跌破均線，市場信心可能開始動搖，多數人處於觀望或賣出狀態，這時則像是天氣轉陰，需要更加謹慎。

　　均線還有兩個簡單又好用的策略，適合散戶輕鬆上手，其中是黃金交叉，即是短期均線向上穿過中期均線，這表示趨勢開始轉好，適合考慮進場。若短期均線向下穿過中期均線，即成為死亡交叉，代表趨勢可能轉差，適合減碼或觀望。

　　最後老牛還是要再次提醒，技術分析可以找尋合適的進場時機，但它只是補充基本面的觀察，投資最關鍵的事，仍是優先以基本面找到有價值的公司，千萬不能本末倒置。

圖表 5-6　台股大盤的長、短期均線

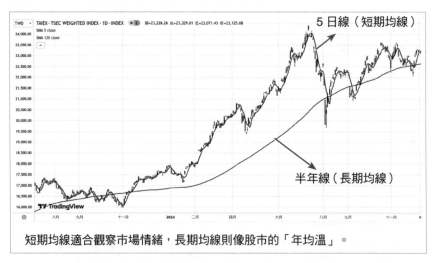

資料來源：TradingView。

Q10：一家公司的體質是轉好還是變壞，怎麼判斷？

判斷一家公司的體質是轉好還是變壞，是一門觀察「內外兼備」的藝術，以下老牛用三個指標，教你如何輕鬆判斷公司的健康狀況。

看過去：近 5 年的獲利是否成長

老牛一直強調，獲利才是公司的根本，一家好的公司，營收和獲利通常會穩定成長，也就是老牛的投資必勝公式：獲利成長→股利增加→股價上漲。如果公司獲利連續數年下滑，就要特別小心，這可能意味著市場需求減少，或者公司競爭力下降。

看未來：分析公司的獲利展望

公司未來的成長性，取決於能否吸引更多客戶、開拓更多市場、增加更多的產能。所以，公司是否積極創新，例如推出新技術、新產品來滿足市場需求，是必要的判斷重點；另外也可以注意，若有拓展海外市場或進軍新領域的計畫，就更值得期待。

看同行：觀察同產業公司的動向

一家公司的成長，離不開整個行業的環境。觀察同產業內，其他公司的業績是否有起色、行業龍頭是否擴大投資等，如果整個行業需求大增，這家公司自然有望受益。反之，若產業已走入

夕陽期，那麼「春江水暖鴨先知」，自己肯定無法獨善其身。

我再以台積電（2330）和台塑（1301）為例，說明如何透過三個指標來評估公司的健康狀況。

台積電（2330）

看過去：近 5 年營收和獲利持續穩定成長，2024 年第 3 季淨利達 3,253 億元，較 2023 年同期增長 54％，超出市場預期。

看未來：受惠於 AI 需求增長，持續投資先進製程，未來成長動能強勁。如高雄廠預計 2025 年量產，將進一步提升營收。

看同行：半導體產業整體需求強勁，特別是 AI 應用快速發展，帶動相關企業成長，台積電作為產業龍頭，受益於此趨勢。

台塑（1301）

看過去：營收和獲利在近年呈現下滑趨勢，例如 2024 年第 3 季稅後虧損 30.9 億元，每股稅後淨損 0.49 元，顯示公司面臨經營挑戰。

看未來：面對市場需求疲軟和油價下跌，台塑的未來展望相對保守，公司即明白表示，市場信心下滑，需求萎縮，將影響營收表現。

看同行：石化產業近期面臨挑戰，多家同業公司業績下滑，台塑也受此影響，營收和獲利表現不佳。

　　透過以上三個指標可以清楚看到，台積電的體質持續變好，並且未來成長可期；而台塑則面臨營運挑戰，體質有所下滑，已經不再是獲利穩定的台塑四寶。

　　判斷一家公司的體質，必須多看多想，就像挑選餐廳，既要看它味道是否穩定（過去表現）、有沒有新的菜色（未來創新），也要觀察整條街的生意是否興旺（整個行業的氛圍）。只要掌握以上三點，就能看出一家公司的體質轉好還是變壞。

Q11：存股不要選景氣循環股是真的嗎？哪些類股是景氣循環股？

　　景氣循環股的獲利表現，依賴經濟景氣的好壞，就像草莓季來臨時，草莓蛋糕能賣到缺貨，一旦過了季節就無人問津。這些公司在景氣高峰時業績亮眼，股價跟著大漲；但景氣下行時，需求大幅減少，獲利迅速縮水，股價也可能隨之跌得慘不忍睹。

　　最典型的景氣循環股便是鋼鐵族群，因為需求多來自基礎建設、汽車製造等大型項目，與全球經濟發展密切相關。當全球經濟向好時，鋼鐵需求旺盛，價格便上漲；但當經濟衰退時，需求疲弱，價格下跌，鋼鐵公司的獲利自然也大幅波動。以中鋼（2002）為例，在全球鋼價高漲時，中鋼營收大幅提升，一度被稱為「鋼鐵人」，但當經濟陷入衰退，鋼價下滑，公司獲利也會迅速萎縮，被投資人戲稱成廢鐵了。

　　塑化股同樣高度依賴經濟景氣，是另一類的景氣循環股，當全球需求旺盛，這些公司的產品銷售順利，利潤豐厚；但當景氣下行，需求減少，這些公司就會面臨獲利壓力。

　　除了獲利不穩定之外，老牛不建議存景氣循環股的原因有二：其一是，股利會遭受波動，景氣好時股利慷慨，景氣差時可能無法發放股利；第二是，景氣難以預測高低，投資者容易因掌握不準時機而買在高點、賣在低點。

　　景氣循環股雖然在市場上有其獨特的投資地位，但由於獲利和股價波動大，不適合用來存股，建議存股族應該聚焦在營運穩定、配息也穩定的類股，讓投資成為穩定的收入來源，而不是隨著季節改變的限定菜單。

圖表 5-7　中鋼（2002）股價走勢圖

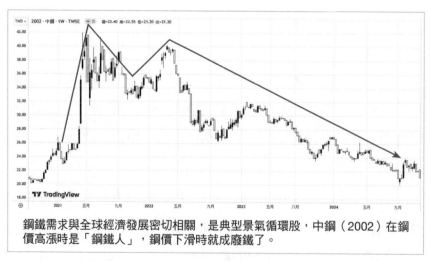

鋼鐵需求與全球經濟發展密切相關，是典型景氣循環股，中鋼（2002）在鋼價高漲時是「鋼鐵人」，鋼價下滑時就成廢鐵了。

資料來源：TradingView。

Q12：如果有 100 萬元本金，該買台積電（2330）還是 0050？

台積電是全球領先的半導體製造商，在科技產業中扮演關鍵角色，老牛在書中不只是一次提到台積電的優勢，它也是我強勢抱緊股當中的一員。而元大台灣 50（0050）是追蹤台灣 50 指數的 ETF，涵蓋臺灣市值最大的 50 家企業，台積電即包含其中，而且權重占比接近 5 成，另外還有鴻海、聯發科等，投資 0050 等於一次投資多家龍頭企業，能有效分散風險。

綜合以上特點，我想用一句網路梗來說明這個問題，就是「小孩子才做選擇，我兩邊都要。」而實際上也確實如此。

其實老牛就正在幫小孩定期定額買進 0050 和台積電，每月各投入 5,000 元，穩健的慢慢累積資金，為未來做好準備。按照過去的績效來試算，存股 10 年共投入 120 萬元，這筆資金預計能達到翻倍成長，等到小孩成年、大學畢業時，這筆資金可能已經累積到 300 萬元左右。如果將來想要買房，這筆錢就是充足的頭期款；若希望出國深造，也能成為留學資金；就算只是定存在銀行裡不動，也是一筆讓人生多些選擇的安心資金。

因此，投資無須在台積電和 0050 之間二選一，分散投資於兩者是更好的選擇，可同時享受個股成長潛力與 ETF 的分散風險優勢。與其煩惱該買進哪一邊，更應重視的反而是，無論一次性投入還是定期定額，都應根據自身的財務狀況和風險承受能力，

制定適合的投資策略，耐心與紀律才是成功的關鍵。

圖表 5-8　0050 與台積電（2330）投資 10 年績效比較

投資標的	元大台灣 50（0050）	台積電（2330）
投資時間	2014 年 11 月 1 日～ 2024 年 10 月 30 日	
每月定期定額	10,000 元	
成本	1,200,000 元	
獲利	1,876,805 元	4,304,754 元
終值	3,076,805 元	5,504,754 元
總報酬率	156.4%	358.73%
年化報酬率	17.92%	28.68%
年化波動率	16.89%	24.48%

資料來源：YP-Finance。

圖表 5-9　0050 前五大成分股

排名	股票名稱（代碼）	權重
1	台積電（2330）	57.45%
2	鴻海（2317）	5.06%
3	聯發科（2454）	4.48%
4	台達電（2308）	1.94%
5	廣達（2382）	1.78%

資料來源：元大投信官網；資料日期：2024 年 12 月 10 日。

Q13：存股，應該先存本金再分批買進，還是立刻開始定期定額？

這問題就像在問：「我應該存一筆大錢去吃一頓豪華大餐，還是每天都吃一些小點心？」答案當然是要看個人的生活習慣和心態。但對想存股的小資族來說，老牛會推薦定期定額，因為這就像是「每天吃一點點，既滿足又不怕撐到肚子痛」，為什麼這麼說？主要還是基於以下三點觀察：

一次投入壓力大：容易「撐不住」

如果在價格高點投入大筆資金，市場一旦回調，看到帳戶數字蒸發，倘若沒有做好足夠的心理建設，很容易陷入焦慮，甚至恐慌性賣出，這對於小資族會形成重傷害。而且一次性投入後，假如股價下跌，即便忍得住虧損不動搖，也可能已經沒有資金再加碼，失去逢低布局的良機。

定期定額：吃得穩又不怕貴

無論市場漲跌都固定投入，高點時買到的股數少，低點時買到的股數多，會自動降低整體買進成本，透過長期累積享受平均收益，不用擔心抓不準市場時機。尤其是股市震盪時，也不會因為投入太多資金而擔驚受怕，反而能像老牛一樣，期待「逢低買便宜」的機會。

191

用「定期定額」在空頭時撿便宜

股價下跌時，固定投入的金額能買進更多股數，等市場反彈時，就會發現整體成本已經很低。而且定期定額能保有資金的彈性，隨時準備好下一次的投入。

對於存股的小資族來說，定期定額是一種穩健而輕鬆的做法，不僅能克服市場波動帶來的心理壓力，還能充分利用下跌機會撿便宜。還是那句老話，投資不需要一次性「豪賭」，耐心與紀律才是你最大的利器！

圖表 5-10　定期定額與一次投入比較

特點	定期定額	一次投入
心理壓力	低	高
成本控制	平滑成本	時機要求高
操作頻率	固定，每月一次	一次性操作
適用對象	上班族、小資族	資金充裕、風險承受力高者

Q14：選股真的很難，該先選產業，還是先看個股？

投資可分為從上到下的產業分析，或者是從下至上的個股分析，該選哪一種，答案取決於資訊來源和熟悉程度。不過無論是

從產業或個股作為分析起手式，都該有套適合自己的分析方法。

行家型：從產業開始

　　如果是相關產業的從業人員，比如科技業的工程師、金融業的分析師，對於產業趨勢、競爭態勢，會比一般投資人更瞭若指掌，那麼從產業入手是個明智選擇。假設是科技業工程師，了解台積電（2330）在先進製程上的競爭優勢，和半導體長期成長潛力，就能快速鎖定這個產業，進一步挑選相關產業進行投資，老牛建議可以從該產業的龍頭公司開始研究，其每年營收獲利表現會較為穩定。

發現型：從個股開始

　　大多數投資人通常是從新聞、電視、社群等平臺，得知某檔股票（例如台積電、長榮航、台達電）的資訊並產生興趣，後續再進一步研究這家公司和它所在的產業。這樣從個股開始研究的確較適合初學者，先直接聚焦於一家公司，再慢慢向上了解產業動態，有助建立一套分析框架。例如看到「星宇航空票房火熱，載客率創新高」這樣的新聞，產生興趣後進一步了解航空業的經營模式、油價對成本的影響，最終確認星宇航空是否值得投資。

　　無論是從產業開始，還是從個股入手，都要注意以下三點：

　　1. 基本面為王：研究財報，確認公司有穩定的營收、獲利和現金流是必備功課，最好連同股利政策也一併納入考量。

2. **注意競爭格局**：即使公司本體不錯，但若產業競爭過於激烈，擠壓下的利潤空間可能有限。

3. **留意大趨勢**：產業的成長潛力是個股長期走勢的基礎，選擇符合趨勢展望的產業會更有勝算。

Q15：老牛用什麼軟體看盤？可以推薦免費的網站嗎？

這個問題就像在問大廚：「平常你都用哪些工具做菜？」選對工具和材料，能讓投資之路事半功倍。以下老牛分享幾款「投資利器」，不管新手或老鳥都適用。

看盤軟體

首先是券商的看盤 App，幾乎每家券商都有自家的系統，裡面包含即時行情、技術分析工具，甚至還有快訊功能。這些 App 通常操作簡單、介面友善，是投資新手必備的好幫手。

如果想進階一點，「XQ 全球贏家」絕對是最佳選擇，它提供的功能數都數不完，其中「選股中心」有不少自訂篩選股票的方式，符合各種交易類型的需求。此外，它不僅支援台股，還能掌握國際股市，適合想要關注全球動態的投資人。

資訊網站

「Yahoo 奇摩股市」是投資人最常用的入門網站，包含即時

股價、基本面數據，以及新聞快訊。特別是公司簡介及財報分析做得非常清楚，對新手來說超友好。

如果喜歡深入研究財務數據，「Goodinfo! 台灣股市資訊網」是不二之選。它提供詳細的財務比率、股利發放紀錄、股東結構分析，還可下載成檔案，方便進一步整理分析，對價值投資者來說特別實用。

Google 是目前最萬能的查詢工具，也是大家日常最習慣的資訊蒐集方式，不管是想找新聞，還是了解公司背景，幾乎都能得到答案。比如搜尋「台積電年報 PDF」，就能直接找到台積電的官方網站下載原始文件，最準確也最透明。

不過，看盤軟體和資訊網站都只是工具，可以更快速掌握重要資訊，但真正決定投資勝負的還是判斷和邏輯，就像大廚有再好的刀具，也必須充分了解食材，才能做出美味的佳餚。

「Goodinfo! 台灣股市資訊網」
QR Code

「Yahoo 奇摩股市」
QR Code

Q16：持股只有台積電在漲，其他都不動，怎麼辦？

不同類型的股票，適合不同的投資方式及目的，例如熱門股就像是精力旺盛的狗，在股市開門後總是竄上又竄下，反映劇烈的走勢；而價值股像是悠閒慵懶的貓，平時走勢總是不慍不火，但長線報酬不會讓你失望。

近幾年的市場趨勢性很強，特別是熱門電子股比如台積電，憑藉 AI 題材和先進製程的領先地位，吸引了大量市場資金與目光，加上財報表現績優，股價自然水漲船高。相形之下，其他股票可能缺乏強勁題材或市場熱度，導致短期內表現平平，但這不一定代表它們沒有潛力，有時只是上場的時間還沒到。

要處理這種情況，請先問問自己更偏向哪種操作風格：

1. 右側交易： 跟隨市場的腳步追逐強勢股，資金流向哪裡，你就追哪裡，借勢順風而行。

2. 左側交易： 有長足的耐心，對那些暫時沒動靜的股票，只要基本面穩健就繼續抱緊，等待時機發酵，一旦市場輪動起來就會出現上漲機會。

投資不只是看當下漲跌，而是持續檢視持股的價值與風險，投資新手常犯的錯誤，就是太急著放棄那些需要時間的種子，錯過它們開花的時候。

Q17：未婚、未滿 30 歲，每月有 15,000 元可投資，該買股票還是存 ETF？

年輕是投資最大的優勢，因為時間可以讓資金透過複利滾雪球般增長，每月投入 15,000 元，即是一個非常好的起點。老牛建議：如果是投資新手，就先從 ETF 開始，穩健入場；如果對投資已有一定程度的了解，便可以考慮將資金分成兩部分，一部分投入 ETF，另一部分用來買個股，例如用 10,000 元買 ETF（0050 或 00878），確保穩定累積資產，另外的 5,000 元投入一至兩檔熟悉並看好的個股，增加成長潛力。

另一種評估方式，是從下列三個問題著手：

1. 我能承受的風險有多大？如果看到股價下跌 10% 就開始失眠，建議選擇波動較低的 ETF。

2. 我有多少時間研究投資？若有時間深入研究個股和財報，可以考慮部分資金投入個股；若時間有限，選擇 ETF 會更合適。

3. 我的目標是什麼？想快速賺錢，還是穩定累積資產？不同目標需要不同的資產配置策略。

股票和 ETF 各有千秋，關鍵在於分散資金，靈活搭配。年輕的投資人應善用複利和時間的優勢，穩健累積資產，並逐步提升自己的投資能力。選對策略，耐心前行，才能在財務自由的終點線笑著衝刺。

Q18：我持續買進 00878，已經累積到 60 張，每季配息都被扣稅，該繼續買嗎？

首先恭喜你已累積 60 張 00878（國泰永續高股息 ETF）。作為高股息 ETF，00878 非常適合追求穩定現金流的投資者，有信心與決心長期投資累積這麼多張數，相信對於高股息 ETF 一定已經相當了解，至於配息會被扣稅的問題，這也是許多高股息 ETF 投資者關心的話題，以下老牛用簡單明瞭的方式來解說。

要理解稅務問題，首先要知道 ETF 的配息組成。一般來說，ETF 的配息來源主要包括四大部分：

股利所得：ETF 成分股的配息。

利息所得：ETF 資金的銀行孳息。

資本利得：ETF 成分股買賣交易產生的價差。

收益平準金：ETF 為平衡投資人進出而提撥的部分本金。

過往大家都認為，ETF 單次配息超過 2 萬元，就要被扣除 2.11％的二代健保補充保費（簡稱二代健保），但會被納入二代健保扣繳範圍的只有股利所得及利息所得，可以在 ETF 的「收益分配通知書」查看配息來源，了解其中屬於股利所得的比例。

以 00878 在 2024 年第 3 季配息 0.55 元為例，其配息來源比例為股利所得 34.43％、利息所得 0.12％、資本利得 58.18％ 及收益平準金 7.27％，要持有多少張 00878 才會被扣二代健保？計算如下：（利息所得比重較低故略過不計，僅計算股利所得）

20,000 元÷（配息金額×股利所得比例）÷1,000 股
　＝20,000 元÷（0.55 元×34.43%）÷1,000 股
　＝105.6 張

　　計算可知，必須持有超過 106 張才會被扣二代健保，約為 423 元。因此持有 60 張時，由於股利所得的比例未達門檻，暫時無須支付二代健保。由於稅務是個複雜的問題，想在股票或 ETF 投資上達成最佳財務規畫效果，老牛有下列幾點建議：

　　1. 善用稅額抵減：股利所得可以享有 8.5% 稅額抵減，每戶上限為 8 萬元。若稅額抵減大於應納稅額，還可能退稅。因此，雖然股利需要被扣稅，但稅額抵減可以幫助你減輕稅負。

　　2. 了解ETF配息組成：由於每檔 ETF 每次配息組成皆不太相同，定期查看收益分配通知書，了解配息中股利所得與資本利得的比例，將直接影響你的稅務負擔。

　　3. 多元投資組合：考慮將資金分散投資到其他標的，如個股或其他類型 ETF（例如市值型的 0050），既能降低稅務集中風險，也能提升資產配置的靈活性。

　　如果存股的目標是持續累積資產，並建立穩定被動收入來源，那麼持續買進 00878 是一個不錯的選擇，建議可以搭配稅務規畫，進行多元配置，達成平衡風險與稅務。

Q19：給 30 歲、40 歲、50 歲人的投資建議？

若問不同年齡及身體素質，應該如何健身？得到的答案可能是：30 歲專注力量與爆發力、40 歲注重平衡與耐力、50 歲則重視柔韌性與穩定性。同樣的，投資策略也會隨著年齡而變化，必須因應風險承受度、資金規模和投資目的的不同做出調整。

30 歲：定期定額投入成長型標的

30 歲的人多半資金有限，但是「輸得起」的階段，風險承受度高，因為時間站在你這邊，即使投資失誤，也還有機會挽回，這時應選擇以定期定額的方式，持續投入高成長性的投資標的，透過積極投資累積本金，快速放大資產基數。

選股方向建議可以朝科技型 ETF 及成長型個股為投資重心，假設每月存下 10,000 元，投資年化報酬率 7% 左右的 ETF，10 年後將累積約 170 萬元，為未來財務自由打下基礎。

40 歲：穩健型 60%，成長型 30%，債券 ETF 10%

40 歲通常已經工作多年，累積了一定資產，但因為「上有老，下有小」，風險承受度開始下降，這時需要在穩健和成長之間找到平衡，因為適合將資金分成穩健型與成長型兩部分配置，一方面持續增值，另一方面有穩定的現金流來應對生活開支。

假設持有 500 萬元資產，可將 60% 投資在高股息 ETF 或穩

定型股票，30% 放在成長型個股，10% 配置債券 ETF，這樣每年可穩定獲得 5% 以上約 25 萬元的被動收入。

50 歲：70% 穩健型標的，30% 指數型 ETF

多數人在 50 歲持已有較豐厚的資產基礎，但因為接近退休階段，風險承受度轉為偏低，因此投資目標應從「資產增值」轉為「資產保值」，要避免大幅波動的投資，以保護現有資產並確保穩定的現金流為主要目標。

假設有 1,000 萬元資產，可以 70% 投入穩健型產品（如高股息 ETF、債券型基金），30% 配置於指數型 ETF，這樣年化報酬率可達 8%，每年現金流約 60 萬元，可作為退休生活補充。

每個人的投資旅程不盡相同，找到適合自己的方法，才是價值投資的真諦。無論是 30 歲的資產起步期、40 歲的成長黃金期，還是 50 歲的穩健保值期，投資策略都應根據自己的風險承受度、資金大小與投資目的調整，唯一不變的是資產長期穩健增值。

Q20：之前看到老牛抽中星宇航空，除了羨慕也想嘗試，但錢要挪來挪去好麻煩，有沒有更簡單的做法？

每次新股抽籤就像「限量美食開賣」，總讓人忍不住想試試

運氣，幻想中籤後的小確幸。不過抽新股的重點並非每次都中，而是用「輕鬆心態」和「正確技巧」參與，老牛能夠抽中三次，運氣真的很好，同時我也遵循以下步驟，提高抽中後的效益：

1. 尋找價差 20% 以上的新股：新股上市後的開盤價往往會高於承銷價，但並非所有新股都如此，建議選擇具有潛力，且預期上市首日有 20% 以上價差的新股，例如熱門產業的明星公司或話題企業。

2. 抽中就賣掉，先讓獲利入袋：建議新手投資者不要對新股抱持長期持有的想法，因為新股的價格可能在短期內回檔，抽到後第一天就賣出，迅速實現收益才是最佳做法。

3. 賺到吃頓好料：將中籤獲利換得一頓美食犒賞自己，不僅能讓投資心情更愉快，還能避免過度期待後續股價走勢。

4. 尋找下一檔抽抽樂：抽籤是一場持續的遊戲，與其將運氣全押在一次抽籤裡，不如定期參與，提高中籤機率。

如果覺得每次湊資金來回挪動太麻煩，可以參考京城銀行推出的「京好籤」活動，通過審核與對保，即有貸款期限 1 年、100 萬元的授信額度可供抽籤使用（專款專用），讓資金運用更靈活，適合資金有限但想參與多檔新股抽籤的投資人。不過老牛還是要提醒，申辦「京好籤」不代表就會中籤，更不代表中籤後一定獲利；此外如果中籤，記得第一時間確認並繳交申購款項，

確保交易順利完成。

抽新股也有詐騙

　　新股抽籤是一場「正規的投資遊戲」，但也暗藏許多利用投資者期待心態的詐騙手法，像是可以自由輸入申購數量、推薦下載不明投資的 App，或是要求將資金匯入指定帳戶，遇到這些狀況時都必須提高警覺。因為合法的新股抽籤只能透過合格的券商進行，且新股抽籤的申購張數都有固定限制，這些狀況極大機率是詐騙陷阱。

　　新股抽籤最大的樂趣，就是「中一張就賺一張」的喜悅，無須過度計較中籤與否，反而應務必透過合法券商參與抽籤，並保持警惕，才能在投資的旅程中玩得開心、賺得安心。

Q21：除了抱緊股票，老牛有做其他投資嗎？

　　老牛雖然是價值投資的擁護者，但也一直堅信，最重要的投資不是股票或房地產，而是自己。

　　大家都知道我原本服務於公務單位，生活步調十分穩定。但朝八晚五的固定工作看似穩當，實際上在北部的生活壓力不小，讓我開始意識到不能僅靠單一收入，結婚生子後更是真正感受到「錢不夠用」，必須努力突破現狀。

　　因為我喜歡開車，當時甚至認真考慮下班後開 Uber 當副

業，不過老婆一句話點醒了我：「既然你的專長和興趣是研究股票，為什麼不嘗試在投資領域深耕，發揮你的腦力優勢？」結果，劇情正如你們所知，我從深入研究投資開始逐步累積成果，最終決定離開公職，全力追求自己熱愛的領域。

什麼是「投資自己」？

對老牛來說，投資自己就像為人生不斷修築「護城河」，強化自己的實力，在任何風暴中都能穩穩站住腳。第一件事就是學習加值技能，讓自己擁有更多賺錢或解決問題的能力，這也是開啟新機會的關鍵，當年學會分析財報和理解經濟週期，這些技能直接改變了我的職業道路。

第二件事是培養正確心態，投資不是一時的運氣，而是穩定心態和紀律的結合，當市場波動時，是否能夠保持冷靜，正是區分贏家和輸家的關鍵。

第三件則是擴大投資視野，包括閱讀財報、與投資人交流，我相信視野決定高度，而我自己正是從只看股價的投資小白，到現在能看穿企業價值的資深投資人最佳例子。

其實股票和其他資產的價值都會隨市場波動，但自己的能力和知識卻會隨著時間增值，這些無形資產，就是一輩子都能帶著走的「護城河」。除了抱緊股票，老牛更抱緊自己的人生。

國家圖書館出版品預行編目（CIP）資料

股海老牛 2025 強勢抱緊股／股海老牛著 . -- 初版 . -- 臺北市：
大是文化有限公司，2025.01
208 面；17×23 公分
ISBN 978-626-7539-72-9（平裝）

1. CST：股票投資　2. CST：投資技術　3. CST：投資分析

563.53　　　　　　　　　　　　　　　　113016314

Biz 477

股海老牛 2025 強勢抱緊股

作　　者／股海老牛
責任編輯／宋方儀
校對編輯／馬祥芬
副總編輯／顏惠君
總 編 輯／吳依瑋
發 行 人／徐仲秋
會計部｜主辦會計／許鳳雪、助理／李秀娟
版權部｜經理／郝麗珍、主任／劉宗德
行銷業務部｜業務經理／留婉茹、專員／馬絮盈、助理／連玉
　　　　　　行銷企劃／黃于晴、美術設計／林祐豐
行銷、業務與網路書店總監／林裕安
總 經 理／陳絜吾

出 版 者／大是文化有限公司
　　　　　臺北市 100 衡陽路 7 號 8 樓
　　　　　編輯部電話：（02）23757911
　　　　　購書相關諮詢請洽：（02）23757911 分機 122
　　　　　24 小時讀者服務傳真：（02）23756999
　　　　　讀者服務 E-mail：dscsms28@gmail.com
　　　　　郵政劃撥帳號：19983366　戶名：大是文化有限公司

香港發行／豐達出版發行有限公司 Rich Publishing & Distribution Ltd
　　　　　地址：香港柴灣永泰道 70 號柴灣工業城第 2 期 1805 室
　　　　　　　　Unit 1805, Ph.2, Chai Wan Ind City, 70 Wing Tai Rd, Chai Wan, Hong Kong
　　　　　電話：21726513　傳真：21724355　E-mail：cary@subseasy.com.hk

封面設計／林雯瑛　內頁排版／王信中
印　　刷／鴻霖印刷傳媒股份有限公司

出版日期／2025 年 1 月初版
定　　價／新臺幣 420 元（缺頁或裝訂錯誤的書，請寄回更換）
Ｉ Ｓ Ｂ Ｎ／978-626-7539-72-9
電子書 ISBN／9786267539682（PDF）
　　　　　　　9786267539699（EPUB）

※ 本書提供之方法與個股僅供參考，請讀者自行審慎評估投資風險。